TARIF

DES

DROITS D'ENREGISTREMENT,

DE GREFFES,

DE TIMBRE ET D'HYPOTHÈQUES.

Office Spécial

D'ENREGISTREMENT, TIMBRE, HYPOTHÈQUES,

DOMAINES ET SUCCESSIONS,

FONDÉ ET DIRIGÉ

Par M. DESPRÉAUX,

VÉRIFICATEUR DE L'ENREGISTREMENT EN RETRAITE, JURISCONSULTE,

Rue Neuve-de-Luxembourg, n° 25 (quartier des Tuileries).

Restitutions de droits illégalement perçus.

Déclarations de successions, après décès, dans toute la France.

Défense contre les expertises et toutes demandes intentées par l'Administration de l'enregistrement et des domaines.

L'on traite à forfait et par écrit pour les cas de restitutions où les parties ne veulent courir aucune chance de perte pour honoraires et frais.

Consultations sur les matières spéciales d'enregistrement, timbre, hypothèques, domaines et successions,

Tous les jours de 2 à 5 heures.

Les lettres pour demandes de simples consultations doivent être accompagnées d'un bon de 20 fr. payable à Paris ou sur la poste, mais elles peuvent être envoyées sans être affranchies pour plus de sûreté.

Lorsqu'il n'existera pas de conventions écrites, les honoraires demeureront fixés à dix pour cent de la somme réclamée, outre les déboursés, pour toute la suite des droits, compris la cour de cassation, s'il y a lieu.

INTRODUCTION.

———

Le Tarif qui va suivre est peu de chose ; mais c'est un commencement de la connaissance donnée au public de la perception des droits de l'enregistrement.

Plus tard nous livrerons le travail complet, par nos codes annotés et par des journaux qui tiendront régulièrement au courant de cette science.

Les journaux éveillent tous les jours l'attention du public sur de simples détournements à la tire ou à l'américaine, et *pas un n'a été assez hardi pour l'avertir* que, lorsqu'il s'inquiète de quelques bijoux disparus, le fisc, sous toutes les formes, et notamment sous celle de l'enregistrement, lui prend des poignées de billets de mille francs, qu'il ne pense pas même à défendre.

En effet, pourquoi lorsque l'on a seulement une créance, telle minime qu'elle soit, sur un particulier, prend-on les moyens de la recouvrer et arrive-t-on au but désiré? C'est que la connaissance des moyens de recouvrement est à la portée de presque tous les hommes, et que l'on trouve mille défenseurs pour un vis-à-vis d'un adversaire égal.

Mais il n'en est pas de même vis-à-vis de l'enregistrement : d'une part, c'est le pouvoir exécutif, dressant des employés, *véritables parias*, à exécuter ses ordres aveuglément; et de l'autre le public, ignorant presque entièrement les bases sur lesquelles repose l'impôt qui lui est demandé, et forcé de plier sous l'arbitraire, à défaut de *défenseur véritable.*

Nous l'avons dit dans le Moniteur de l'enregistrement du mois de juillet 1835, et nous le répétons ici avec l'assentiment complet du notariat et du haut barreau : *la législation de l'enregistrement est un labyrinthe dont les employés, en vieillissant, peuvent seuls connaître tous les détours.*

Il existe beaucoup de livres et de journaux qui traitent spécialement cette matière; mais tous sont rédigés par des employés en activité de service, plus ou moins apparents, auxquels la régie ne permet d'écrire que ce qui lui convient ; et à cet égard nous en avons fait une triste expérience.

On s'est plaint avec raison des fermiers généraux; mais le notariat et les parties sont depuis longtemps à même de reconnaître que jamais ils n'ont été aussi loin dans leur ardeur bursale que la régie n'a été, surtout depuis 1830.

La régie pratique, avec une rare entente, l'exécution des proverbes retournés par le doux Bazile : ainsi c'est pour elle un axiome, *que ce qui est bon à prendre est bon à garder*. Pour arriver à ce but rien ne lui coûte ; et la voie de cassation mal entendue, comme elle l'a été jusqu'à ce jour, vient arrêter de suite les parties qui ont eu le bonheur de gagner en première instance ; elles aiment mieux renoncer à tout que de suivre une chance de procès indéfinis.

Nous espérons pouvoir ramener le proverbe à sa première définition, et prouver à la régie que *ce qui est bon à prendre est bon à rendre*.

Aussitôt que nous l'avons pu, nous avons fait tomber nos chaînes ; et *en prenant notre retraite après trente-quatre années de loyaux services méconnus, nous avons offert un véritable défenseur aux parties* contre la régie de l'enregistrement, et le public, aidé des conseils du notariat et du barreau, ne nous a pas fait faute.

Depuis le commencement de l'année judiciaire, nous avons combattu les prétentions de la régie dans cinquante affaires d'une valeur de 700,000 fr.

Nous sommes descendu dans l'arène, tout petit que nous puissions être en face du géant; et, nous appuyant entièrement sur l'équité, base de toute justice, nous avons combattu avec courage et succès, car déjà plusieurs de nos traits ont atteint le monstre.

Voir les comptes rendus par nous dans la *Gazette des Tribunaux,* à compter du mois de mai 1843.

TARIF

DES

DROITS D'ENREGISTREMENT,

DE GREFFES,

DE TIMBRE ET D'HYPOTHÈQUES.

OBSERVATION GÉNÉRALE.

Indépendamment des droits, le DÉCIME PAR FRANC est toujours dû en sus, aux termes de l'article 1er de la loi du 6 ventôse an VII.

A.

Abandonnements de biens, soit volontaires, soit forcés, pour être vendus en direction. (*Numéro 1 du quatrième paragraphe de l'art 68 de la loi du 22 frimaire an VII.*) . . . . 5 fr. fixe.

Abandonnements pour fait d'assurance ou grosse aventure. (*Numéro 1 de l'art. 51 de la loi du 28 avril 1816.* . . . . 1 fr. p. 100.

Le droit n'est exigible que sur l'acte d'acceptation, ou le jugement qui déclare l'abandonnement valable. (*Décis. minis. du 4 janvier 1819 ; inst. n° 876.*)

Le droit est perçu sur la valeur des objets abandonnés.

En temps de guerre, il n'est dû qu'un demi-droit.

Absences. — Les héritiers, légataires, et tous autres appelés à exercer des droits subordonnés au décès d'un individu dont l'absence est déclarée sont tenus de faire, dans les six mois du jour de l'envoi en possession provisoire, la déclaration à laquelle ils seraient tenus s'ils étaient appelés par effet

1.

de la mort, et d'acquitter les droits sur la valeur entière des biens ou droits qu'ils recueillent.

En cas de retour de l'absent, les droits payés seront restitués, sous la seule déduction de celui auquel aura donné lieu la jouissance des héritiers. (*Art. 40 de la loi du 28 avril 1816.*)

Absences. — Voyez ACTES, DÉTAILS, JUGEMENTS, SUCCESSIONS et MANUEL DES HÉRITIERS.

Abstentions. — Répudiations et renonciations à successions, legs ou communautés, lorsqu'elles seront pures et simples si elles ne sont pas faites en justice... 1 fr. fixe.

Il est dû un droit par chaque renonçant, et pour chaque succession à laquelle on renonce. (Numéro 1 du premier paragraphe de l'art. 68 de la loi du 22 frimaire an VII............................... 3 fr. fixe.

Abstentions faites aux greffes.......... 3 fr. fixe.

Acceptations de donations passées en l'absence des donataires et sur lesquels il n'a été perçu que le droit fixe. V. DONATIONS ENTRE-VIFS.

Acceptations faites aux greffes......... 3 fr. fixe.

Acceptations de successions, legs ou communautés lorsqu'elles seront pures et simples ; *il est dû un droit pour chaque acceptant et pour chaque succession, si elles ne sont pas faites en justice* (Numéro 2 du premier paragraphe de l'art. 68 de la loi du 22 frimaire an VII) 1 fr. fixe.

Acceptations de transports ou délégations de créances à terme, faites par actes séparés, *lorsque le droit proportionnel a été acquitté pour le transport ou la délégation.* Et celles qui se font dans les actes même de délégation de créances aussi à terme. (*Numéro 3 du premier paragraphe de l'art. 68 de la loi du 22 frimaire an VII.*) 1 fr. fixe.

Acceptations de délégation de prix d'immeubles en rentes, ou de sommes à un créancier dont le titre est en forme par le contrat de vente même. Exemptes d'enregistrement.

Acceptations de délégation de créance à terme, expresse ou tacite, lorsque le droit n'a pas été perçu sur la délégation ou l'indication de paiement. (Instruction générale, n° 1146 § 6.)............................. 1 fr. p. 100.

Acceptations de lettres de change et autres effets négociables.............., Exemptes d'enregistrement. V. LETTRES DE CHANGE.

Acceptilations. — V. QUITTANCES.

Acquiescements purs et simples, *quand ils ne sont point faits en justice. Art.* 43, *numéro* 1, *de la loi du* 28 *avril* 1816....................... 2 fr. fixe. S'ils sont faits en justice. V. ACTES ET JUGEMENTS.

Acquisitions et échanges faits par l'état, les partages des biens entre lui et des particuliers, et tous autres actes faits à ce sujet. (*Numéro* 1 *du deuxième paragraphe de l'art.* 70 *de la loi du* 22 *frimaire an* VII.)........ Gratis.

Actes faits au profit de l'Etat pour expropriation pour cause d'utilité publique. (ART. 58 de la loi du 3 mai 1841.).................................. Gratis.

Actes d'acquisitions de terrains pour *routes départementales.* (Inst. gén. du 26 juin 1828, numéro 1249.)Gratis.

Actes concernant les concessions par l'Etat d'un canal, d'un chemin, ou toute autre entreprise de même nature, *pour un laps de temps déterminé;* pour les concessions à perpétuité, les droits sont dus, à moins d'exception par loi spéciale qui les exempte, ainsi qu'il a été fait pour le canal des Alpines. (*Inst.* 1303, *premier paragraphe du* 29 *décembre* 1829.)........................... Gratis.

Acquisitions par les départements, arrondissements communes, hospices, séminaires, fabriques congrégations religieuses, consistoires, et généralement tous établissements publics légalement autorisés de biens immeubles. (*Art.* 17 *de la loi du* 18 *avril* 1831.).... 5 fr. 50 c. p. 100.

Acquisitions. — V. ADJUDICATIONS.

Acquits, congés et passavants. — V. QUITTANCES DE CONTRIBUTIONS.

Acquits de rescriptions, mandats et ordonnances de paiement sur les caisses publiques. Exemptes d'enregistrement. V. RESCRIPTIONS.

Acquits des lettres de change, billets à ordres et autres effets négociables. Exempts d'enregistrement. V. LETTRES DE CHANGE.

— 12 —

1° Actes de Société qui ne portent ni obligation , ni libération, ni transmission de biens meubles ou immeubles entre les associés ou autres personnes...... 5 fr. fixe.

Actes de dissolution de société qui sont dans le même cas. *Art. 45, numéro 2, de la loi du 28 avril 1816.*
5 fr. fixe.

Lorsque, dans un acte de dissolution de société, un associé reçoit un immeuble qui avait été apporté par un autre associé, cette disposition doit donner lieu au droit de mutation immobilière. (*Arrêt de la Cour de cassation du 3 janvier 1832.*)

2° Actes d'émancipation : *le droit est dû par chaque émancipé.* (Art. 68, numéro 2 du quatrième paragraphe de la loi du 22 frimaire an VII.)....... 5 fr. fixe.

3° Actes et contrats d'assurance, *sur le montant des primes.* (Numéro 2 de l'art. 51 de la loi du 28 avril 1816.)
1 fr. p. 100.

Réduits à 1 fr. fixe par l'art. 5 de la loi du 16 juin 1824, pour les assurances maritimes, *seulement* lorsqu'il n'en est pas fait usage en justice.

Les assurances contre l'incendie, avec stipulation de primes, ont été fixées à 1 fr. par 100 fr. sur la valeur de la prime par déc. minist. du 9 mai 1821, rappelée dans l'inst. numéro 983.

Le droit est dû sur la valeur de la prime.

En temps de guerre, il n'y a lieu qu'au demi-droit.

4° Actes de naissance , sépultures et mariages, reçus par les officiers de l'état civil , et les extraits qui en sont délivrés (a). (*Numéro 8 du troisième paragraphe de l'art. 70 de la loi du 22 frimaire an VII.*)
Exempts d'enregistrement.

Les procès-verbaux de cote et paraphe des registres de l'état civil. (*Inst. gén. du 23 décembre 1816, numéro 758.*)

(a) Assujettis aux droits de 2 fr. et 5 fr. fixes, lorsqu'ils portent reconnaissance d'enfants naturels *seulement* (art. 43 et 45 de la loi du 28 avril 1816), excepté pour les indigents. (*Art. 77 de la loi du 15 mai 1818.*)

5° Actes judiciaires en matière civile , tous jugements en matière criminelle, correctionnelle ou de police, sans exception, soumis à l'enregistrement sur les minutes ou originaux. Les greffiers ne seront personnellement tenus de l'acquittement des droits que dans les cas prévus par les articles 7 et 35 de la loi du 22 frimaire an VII. Ils continueront de jouir de la faculté accordée par l'art. 37 pour les jugements et actes y énoncés.

Il sera délivré aux greffiers, par le receveur de l'enregistrement, des récépissés, sur papier non timbré, des extraits de jugement qu'ils doivent fournir en exécution dudit article 37. Ces récépissés seront inscrits sur leur répertoire (a). (*Art.* 38 *de la loi du* 28 *avril* 1816.)

V. JUGEMENTS ET ORDONNANCES.

(a) L'ordonnance du 22 mai 1816 modifie cet article, en ce qui concerne les procès-verbaux et jugements en matière criminelle, et cette modification est confirmée par les art. 74 et 75 de la loi du 15 mars 1817. (Voir ci-après.)

6° **Actes** d'administration publique (a). (*Numéro 2 du troisième paragraphe de l'art.* 70 *de la loi du* 22 *frimaire an* VII.) . . . . Exempts d'enregistrement.

(a) Les procès-verbaux de cote et paraphe des conservateurs des hypothèques. (*Inst. gén., numéro* 758.)

Art. 80 de la loi du 15 mai 1818 : « Tous les actes, arrêtés et décisions des autorités administratives, non dénommés dans l'article 78, savoir, ceux portant transmission de propriété. »

Les actes d'administration intérieure des chambres des notaires, etc.

Les ventes des effets des Monts-de-Piété.

7° **Actes** passés en forme authentique avant l'établissement de l'enregistrement, dans l'ancien territoire de France ; et qui y ont acquis une date certaine suivant les lois de ce pays. (*Numéro 16 du troisième paragraphe de l'art.* 70 *de la loi du* 22 *frimaire an* VII.) Exempts d'enregistrement.

Un acte passé en pays étranger momentanément réuni à la France, avant les lois sur l'enregistrement, doit être soumis aux droits avant de pouvoir en faire usage en France. (*Arrêt de la Cour de cassation du* 26 *mai* 1830 *, rappelé par le premier paragraphe de l'inst. générale numéro* 1336.)

8° **Actes** passés en pays étrangers ou dans les colonies.

« Il ne pourra être fait usage en justice d'aucun acte passé en pays étranger ou dans les colonies, qu'il n'ait acquitté les mêmes droits que s'il avait été souscrit en France, et pour des biens situés dans le royaume ; il en sera de même pour les mentions desdits actes dans des actes publics. » (*Art.* 58 *de la loi du* 28 *avril* 1816.)

Cette disposition a été modifiée, pour ne pas dire entièrement abrogée, par l'art. 4 de la loi du 16 juin 1824, portant:

«*Les actes translatifs* de propriété d'usufruit ou de jouissance *de biens immeubles* situés, soit en pays étranger, soit dans les colonies françaises où le droit d'enregistrement n'est pas établi, ne seront soumis, à raison de cette transmission, qu'au droit fixe de 10 fr., sans que, dans aucun cas, le droit fixe puisse excéder le droit proportionnel qui serait dû s'il s'agissait de biens situés en France. »

Tous les autres actes restent assujettis aux mêmes droits que s'ils avaient été passés en France, suivant la prétention de la régie, mais *ils doivent être exempts* d'impôts, aux termes de l'axiome que l'impôt cesse où finit le territoire.

9° **Actes** (les cédules exceptées) et jugements préparatoires, interlocutoires ou d'instruction des juges de paix ; certificats d'individualité, *visa* de pièces et poursuites préalables à l'exercice de la contrainte par corps ; les oppositions à levée de scellés, par comparution personnelle dans le procès-verbal ; les ordonnances et mandements d'assigner les opposants à scellés; tous autres actes de juges de paix, non classés dans les articles suivants, et leurs jugements définitifs portant condamnation de sommes dont le droit proportionnel ne s'élèverait pas à un franc (*a*). (*Numéro 46 du premier paragraphe de l'art. 68 de la loi du 22 frimaire an* VII.)........   1 fr. fixe.

(*a*) L'art. 44, numéro 9, de la loi du 28 avril 1816, assujettit au droit fixe de 3 francs les jugements définitifs des juges de paix, rendus en dernier ressort, d'après la volonté expresse des parties, au-delà des limites de la compétence ordinaire, lorsqu'ils ne contiennent pas de disposition donnant ouverture à un droit proportionnel supérieur.

L'expression de la volonté des parties de proroger la compétence du juge de paix, lorsqu'elle est constatée par le jugement, ne donne pas lieu à un droit particulier. Néanmoins, si une semblable disposition était contenue dans un acte distinct du jugement, elle serait alors assujettie, savoir, au droit fixe de 1 fr. lorsque les parties et la cause sont justiciables du juge de paix, et au droit fixe de 3 fr. lorsque les parties et la cause ne sont pas du ressort de sa juridiction. Ce droit de 1 fr. ou de 3 fr., selon le cas, doit être perçu indépendamment de celui de 3 fr. dû pour le jugement. (*Décision du min. des finances, rappelée au quatrième paragraphe de l'inst. gén., numéro 1132, du 19 mai 1824.*)

10° **Actes** et jugements interlocutoires ou préparatoires des divorces. (*Numéro 8 de l'art. 45 de loi du 28 avril 1816.*) *Sur les expéditions*..................... 5 fr. fixe.

11° **Actes** et jugements des conseils de prud'hommes, concernant des contestations dont l'objet excède 25 fr., sont passibles des droits réglés pour les actes de la justice de paix; à défaut de la désignation de la somme faisant la matière du différend, ils sont soumis au droit fixe d'un franc. Si la somme désignée n'excède pas 25 fr. ils doivent être enregistrés *gratis*. (*Décision des ministres des finances et de l'intérieur, du 20 juin 1809. Inst. gén. du 5 juillet 1809 n° 437.*)
1 fr. fixe.

. — V. Pour les conseils de prud'hommes, Procès-verbaux.

12° **Actes** et jugements de la police ordinaire et de tribunaux de police correctionnelle et criminels, soit entre parties, soit sur la poursuite du ministère public, *avec partie civile*, lorsqu'il n'y a pas condamnation de sommes et valeurs, ou dont le droit proportionnel ne s'élèverait pas à un franc; et les dépôts et décharges aux greffes desdits tribunaux, dans les mêmes cas où il y a partie civile. (*Numéro 48 du premier paragraphe de l'art. 68 de la loi du 22 frimaire an vii.*)..................... 1 fr. fixe.

13° **Actes** premiers de recours en cassation ou devant les Conseils de Sa Majesté, soit par requête, mémoire ou déclaration, en matière civile, de police simple ou de police correctionnelle. (*Numéro 1 de l'art. 47 de la loi du 28 avril 1816.*)..................... 25 fr. fixe..

14° **Actes** et procès-verbaux des juges de paix pour faits de police. (*Numéro 1 du premier paragraphe de l'art. 70 de loi du 22 frimaire an vii.*)............ En débet.

15° **Actes** et procès-verbaux faits à la requête des commissaires de l'État près les tribunaux. (*Numéro 2 du premier paragraphe de l'art. 70 de la loi du 22 frimaire an vii.*)
En débet.

16° **Actes** et procès-verbaux des commissaires de police.)

(Numéro 3 du premier paragraphe de l'art. 70 de la loi du 22 frimaire an VII.) . . . . .   En débet.

17° **Actes** et procès-verbaux des gardes établis par l'autorité publique pour délits ruraux et forestiers (*a*). *Numéro 4 du premier paragraphe de l'art. 70 de la loi du 22 frimaire an VII.)* . . . .   En débet.

(*a*) Et gardes du génie. (*Art. 3 de la loi du 29 mars 1806.*)

18° **Actes** et jugements qui interviennent sur ces actes et procès-verbaux. (*Numéro 5 du premier paragraphe de l'art. 70 de la loi du 22 frimaire an VII.)* . . . . En débet.

Il y aura lieu de suivre la rentrée des droits d'enregistrement de ces actes, procès-verbaux et jugements, contre les parties condamnées, d'après les extraits des jugements qui seront fournis aux préposés de la régie par les greffiers (a).

(*a*) Toutes ces dispositions confirmées par les art. 4 et 5 de l'ordonnance du 22 mai 1816, savoir :

Art. 4. « Dans les affaires de police correctionnelle ou de simple police, qui sont poursuivies à la seule requête du ministère public, sans partie civile, ou même à la requête d'une administration publique, agissant dans l'intérêt de l'État, d'une commune ou d'un établissement public, la partie poursuivante ne sera pas tenue de consigner d'avance le montant des frais de poursuite, ni des droits d'enregistrement auxquels peuvent donner lieu les jugements ; mais les minutes de ces jugements devront être enregistrées en débet, conformément au premier paragraphe de l'article 70 de la loi du 22 frimaire an IX, et il y aura lieu de suivre la rentrée des droits contre les parties condamnées, en même temps et de la même manière que celle des frais de justice.

« Les dispositions du présent article ne sont pas applicables à la *régie des contributions indirectes,* laquelle continuera à faire l'avance des frais de poursuite et des droits de timbre et d'enregistrement, dans toutes les affaires poursuivies à sa requête, et dans son intérêt ou celui de ses agents.

Art. 5. « Les actes et procès-verbaux des huissiers, gendarmes, préposés, gardes-champêtres ou forestiers (autres que ceux des particuliers), et généralement tous actes et procès-verbaux concernant la police ordinaire, et qui ont pour objet la poursuite et la répression des délits et contraventions aux règlements généraux de police ou d'impositions, continueront à être visés pour timbre et enregistrés en débet, lorsqu'il n'y aura pas de partie civile poursuivante, ou qu'elle aura négligé ou refusé de consigner les frais de poursuite, sauf à poursuivre le recouvrement des droits contre qui il appartiendra.

« Le visa du receveur de l'enregistrement devra toujours faire mention du montant des droits en suspens pour en faciliter l'emploi et le recouvrement dans la taxe des frais. »

Et par l'article 74 de la loi du 25 mars 1817, ainsi conçu :

« Les actes et procès-verbaux des huissiers, gendarmes, préposés, gardes-champêtres et forestiers (autres que ceux des particuliers), et généralement tous actes et procès-verbaux concernant la police ordinaire, et qui ont pour objet la poursuite et la répression des délits et contraventions aux règlements généraux de police et d'impositions, seront visés pour timbre, et enregistrés en débet, lorsqu'il n'y aura pas de partie civile poursuivante, sauf à suivre le recouvrement des droits contre les condamnés.

« Seront également visées pour timbre, et enregistrées en débet, les déclarations d'appel de tous jugements rendus en matière de police correctionnelle, *lorsque l'appelant sera emprisonné.* »

19° **Actes** des huissiers et gendarmes concernant la police générale et de sûreté et de la vindicte publique (*a*). *Numéro 3 du deuxième paragraphe et numéro 9 du troisième paragraphe de l'art. 70 de la loi du 22 frimaire an* VII.) Gratis.

(*a*) L'art. 1 de l'ordonnance du 22 mai 1816 porte :

« Les procès-verbaux, actes et jugements en matière criminelle, lorsqu'il n'y a pas partie civile, continueront à être exempts de la formalité de l'enregistrement, ou à être enregistrés gratis, conformément aux dispositions de l'art. 70, deuxième paragraphe, n. 3, et troisième paragraphe, numéro 9, de la loi du 22 frimaire an VII. »

Et l'article 75 de la loi du 25 mars 1817 : « *Seront enregistrés gratis les actes de procédure et les jugements à la requête du ministère public, ayant pour objet : de réparer les omissions et faire les rectifications sur les registres de l'état civil, d'actes qui intéressent les individus notoirement indigents; et de remplacer les registres de l'état civil perdus ou incendiés par les événements de la guerre, et de suppléer aux registres qui n'auraient pas été tenus.* »

20° **Actes** des chambres et ceux du roi. (*Numéro 1 du troisième paragraphe de l'art. 70 de la loi du 22 frimaire an* VII.).......... Exempts d'enregistrement.

21° **Actes** de divorce. (*Art. 49, numéro 2, de la loi du 28 avril 1816.*)................... 100 fr. fixe.

Avec ces distinctions, restent assujetties au droit fixe de 15 fr. les expéditions des actes de divorce qui , *avant le*

Code civil, ont eu lieu, *sans l'intervention de l'autorité judiciaire.*

Sont élevées au droit fixe de 100 fr. par l'art. 49, numéro 2, de la loi du 28 avril 1816, les expéditions des actes antérieurs à la loi du 28 avril et qui ont été précédés d'un jugement dont il n'y a pas eu appel.

22° **Actes** qui ne contiennent que l'exécution, le complément et la consommation d'actes antérieurs enregistrés. (*Art. 68, premier paragraphe, numéro 6, de la loi du 22 frimaire an* vii.) . . . .   1 fr. fixe.

23° **Actes** de notoriété. (*Art. 43, numéro 2 de la loi du* 28 *avril* 1816.) . . . .   2 fr. fixe.

24° **Actes** de tutelle officieuse. (*Numéro 1 de l'art.* 48 *de la loi du* 28 *avril* 1816.) . . . .   50 fr. fixe.

25° **Actes** contenant plusieurs dispositions.

Dans le cas de transmission de biens, la quittance donnée ou l'obligation consentie par le même acte, pour tout ou partie du prix entre les contractants, ne peut être sujette à un droit particulier d'enregistrement. (*Art.* 10 *de la loi du* 22 *frimaire an* vii.) . . . .   Exempts d'enregistrement.

Mais lorsque, dans un acte quelconque, soit civil, soit judiciaire ou extrajudiciaire, il y a plusieurs dispositions indépendantes ou ne dérivant pas nécessairement les unes des autres, il est dû, pour chacune d'elles, et selon son espèce, un droit particulier. La quotité en est déterminée par l'article de la loi dans lequel la disposition se trouve classée, ou auquel elle se rapporte. (*Art.* 11 *de la loi du* 22 *frimaire an* vii.) . . . .   Pluralité des droits.

26° **Actes** de prêts sur dépôts ou consignations de marchandises, fonds publics français et actions de compagnies d'industrie et de finance, dans le cas prévu par l'art. 95 du Code de commerce. (*Art.* 8 *de la loi du* 8 *septembre* 1830.) *Prêts faits à un commerçant* . . . .   2 fr. fixe.

27° **Actes** passés en conséquence d'un autre.

Les *notaires* peuvent faire des actes en vertu et par suite d'actes sous-seings privés non enregistrés, et les énoncer dans leurs actes, mais sous la condition que chacun de ces actes sous seings privés demeurera annexé à celui dans lequel il se trouvera mentionné, qu'il sera soumis avant lui à la formalité de l'enregistrement, et que les notaires seront personnellement responsables non-seulement des droits d'enregistrement et de timbre, mais encore des amendes auxquelles les actes sous seings privés se trouveront assujettis. (*Art.* 13 *de la loi du* 16 *juin* 1824.)

Il est dérogé à cette faculté par l'art. 23 de la loi du 24 mai 1834, qui interdit aux notaires de protester aucun effet de commerce non écrit sur papier timbré sous peine de supporter personnellement une amende de 20 fr., et d'avancer en outre les amendes et les droits dus.

28 **Actes** innommés, et généralement tous actes civils, judiciaires ou extrajudiciaires, non spécifiés, qui ne peuvent donner lieu au droit proportionnel. (*Numéro* 51 *du* § 1er *de l'art.* 68 *de la loi du* 22 *frimaire an* VII.) 1 fr. fixe.

29o **Actes** refaits pour nullité ou autre motifs sans aucun changement qui ajoute aux objets des conventions ou à la valeur. (*Numéro* 3 *de l'art.* 43 *de la loi du* 28 *avril* 1816.)..................... 2 fr. fixe.

Actes. — V. Acquisitions, Adjudications, Jugements et Ordonnances.

Actes d'adoptions. — V. Adoptions.

Actes de l'état civil. — V. Actes de naissance, de divorce, etc.

Actions. — Les cessions d'actions et coupons d'actions mobilières des compagnies et sociétés d'actionnaires 50 c. p. 100 fr.

V. Billets à ordre.

1o **Adjudications** à la folle enchère, lorsque le prix n'est pas supérieur à celui de la précédente adjudication. *Si elle a été enregistrée* (*Numéro* 1 *de l'art.* 44 *de la loi du* 28 *avril* 1816.).................. 3 fr. fixe.

2o **Adjudications** au rabais et marchés pour constructions, réparations, entretien, approvisionnements et fournitures, *dont le prix doit être payé par le trésor royal (a),* ou par les administrations centrales et municipales , ou par des établissements publics (b). (*Numéro 3 du deuxième paragraphe de l'art.* 69 *de la loi du 22 frimaire an* vii.)

1 fr. p. cent.

Le droit est dû sur la totalité du prix.

Et celles au rabais de la levée des contributions directes.

Le droit est assis sur la somme à laquelle s'élève la remise du percepteur, d'après le montant du rôle.

(a) Ce droit a été réduit à un franc fixe par le numéro 1 de l'article 73 de la loi du 15 mai 1818, *seulement* lorsque le prix doit être *payé directement ou indirectement par le trésor royal.*

En conséquence, il ne doit être perçu qu'un franc pour les adjudications ou marchés, et des *cautionnements y relatifs,* lorsque la dépense est imputable, soit sur les fonds généraux du trésor, ordonnancés d'après les crédits des ministres, soit sur les *centimes additionnels des départements,* ce qui comprend les allocations des budgets des dépenses fixes ou communes, et des dépenses variables, ordinaires ou facultatives. (*Inst. n.* 844.)

(b) Les adjudications, etc., pour les administrations centrales et municipales ou pour des établissements publics, restent assujetties au droit de 1 pour 100 porté par l'art. 51, numéro 3, de la loi du 28 avril 1816, lorsque le prix ne doit pas être payé directement ou indirectement par le trésor royal. (*Inst. gén. du 18 mai 1818, numéro* 834.)

3º **Adjudications** au rabais et marchés, autres que ceux compris ci-dessus, pour constructions, réparations et entretien et tous autres objets mobiliers susceptibles d'estimation, faits entre particuliers, qui ne contiendront ni vente, ni promesse de livrer des marchandises, denrées ou autres objets mobiliers. (*Numéro 1 du troisième paragraphe de l'art.* 69 *de la loi du 22 frimaire an* vii.)...... 1 fr. p. cent.

4º **Adjudications** , ventes, reventes, cessions, rétrocessions, marchés, traités et tous autres actes, soit civils, soit judiciaires, translatifs de propriété, à titre onéreux, de meubles, récoltes de l'année sur pied, coupes de bois taillis et de haute futaie, et autres objets mobiliers généralement quelconques, même les ventes de biens de cette nature faites par la na-

tion (*a*) *Numéro* **1** *du cinquième paragraphe de l'art.
69 de la loi du 22 frimaire an* vii.)... **2 fr. p. cent.**

(*a*) Réduit à 5o cent. par 1oo fr. pour les ventes publiques faites
à la Bourse par les courtiers de commerce, conformément au décret
du 17 avril 1812 par l'art. 74 de la loi du 15 mai 1818; pour les
ventes faites par les mêmes courtiers dans d'autres lieux que la
Bourse, mais autorisées. (*Ordon. du 9 avril* 1819.) Cette exception
est étendue aux ventes de meubles par l'art. 12 de la loi du 24 mai
1834, ainsi conçu *pour les faillites* :

« Les ventes de meubles et marchandises qui seront faites con-
« formément à l'art. 492 du Code de commerce ne seront assujet-
« ties qu'au droit proportionnel de 5o cent. par 1oo f. »

Les ventes de *marchandises avariées* par suite d'événements de
mer, et qui ne conservent plus la valeur fixée par le prix courant
des mêmes espèces de marchandises, sont réduites au *droit fixe de* 1
fr. par l'art. 56 de la loi du 21 avril 1818, sur les douanes, lorsqu'elles sont rédigées *sous la surveillance du receveur des douanes*
Les ventes de navires, soit totales, soit partielles, réduites aussi au
droit fixe de 1 fr. (*Art.* 64 *de la loi du* 21 *avril* 1818, *sur les
douanes.*)

Les ventes des *Monts-de-Piété* sont exemptes; elles doivent
néanmoins être portées sur les répertoires.

LES CESSIONS D'OFFICES, CHARGES DES NOTAIRES, *avoués, agents
de change et autres officiers publics*, sont fixées à 2 pour 100, aux
termes de l'art. 7 de la loi du 25 juin 1841 et les droits doivent
être perçus, en cas de donations, comme biens meubles.

Pour la transmission à faire de ces objets, il sera dû le droit de
deux pour cent, d'après la déclaration qui devra être faite de la valeur suivant l'article 9 de la loi du 25 juin 1841.

Le minimum à percevoir sur les cessions d'offices, charges, est
fixé au dixième du montant de leur cautionnement par l'art. 34
de la loi du 21 avril 1832, sur les ordonnances du roi, portant
leurs nominations par l'art. 10 de la loi du 25 juin 1841.

En cas de création de nouvelles charges, offices ou de nominations de nouveaux titulaires *sans présentation*, les ordonnances seront assujetties à un droit de 20 pour 100 du cautionnement.
(*Art.* 12 *de la loi du* 25 *juin* 1841.)

(Deux arrêts de la Cour de cassation des 7 et 14 avril 1824 ont
décidé que les ventes d'actions sur les canaux et les mines étaient
réputées ventes mobilières, encore bien que la société soit propriétaire de biens immobiliers.)

5° Adjudications, ventes, reventes, cessions, rétrocessions et tous autres actes civils et judiciaires, translatifs
de propriété ou d'usufruit de biens immeubles, à titre oné-

reux, compris le droit de transcription. (*Numéro 1 du septième paragraphe de l'art. 69 de la loi du 22 frimaire an VII et art. 52 de la loi du 28 avril 1816.*) . . . . 5 fr. 50 cent. pour 100 fr.

Lorsqu'en vendant un immeuble, le vendeur se réserve les meubles, immeubles par destination qu'il peut renfermer, ces immeubles par destination reprennent leur qualité première de mobilier, que ne leur ôterait pas la vente qui en serait faite plus tard à l'acquéreur du domaine, si la fraude n'était pas prouvée. (*Arrêts de la Cour de cassation des 23 avril 1822, 19 novembre 1823, et 23 avril 1833.*)

Il en est de même lorsqu'une personne achète, par deux actes, avec dates différentes, d'abord la superficie d'un fonds, puis ce fonds lui-même, sans qu'il soit prouvé aucune fraude; ces deux actes doivent être soumis aux droits propres à chacun d'eux, c'est-à-dire que le premier donne lieu au droit de 2 pour 100, et le second à celui de 5 fr. 50 c. pour 100. (*Arrêts de la cour de cassation des 21 avril 1823, 17 janvier et 4 avril 1827.*)

Il n'est dû que 4 pour 100 sur les transmissions d'immeubles passées sous signatures privées ayant date certaine avant la publication de la loi du 28 avril 1816. (*Instr. du 30 juin 1818, numéro 845.*)

6° **Adjudications** à la folle enchère de biens de même nature, mais seulement sur ce qui excède le prix de la précédente adjudication, si le droit en a été acquitté. (*Deuxième alinéa du numéro 1er, du septième paragraphe de l'art. 69 de la loi du 22 frimaire an VII, et art. 52 de la loi du 28 avril 1816.*) . . . . 5 fr. 50 c. pour 100.

La quotité du droit d'enregistrement des adjudications de domaines nationaux sera réglée par des lois particulières (*a*).

(*a*) Asssujettis au droit de 2 pour 100 par l'art. 6 de la loi du 15 floréal an 10, et l'art. 2 de celle du 16 floréal an 10.

Adoptions pures et simples. (*Art. 68, premier paragraphe, numéro 9 de la loi du 22 frimaire an VII.*)
1 fr. fixe.

Par jugement de première instance, portées à 50 fr. par l'art. 42, numéro 2 de la loi du 28 avril 1816.

Par arrêt de cour d'appel, à 100 fr., par le numéro 1 de l'art. 49 de la même loi.

Voyez ARRÊTS 6° et JUGEMENTS.

Affectations d'hypothèques, par un étranger au paiement de la somme due............ 50 cent. pour 100 fr. Voyez Consentements.

Affirmations de voyage, de créance et autres, faites en justice, V. actes, jugements et ordonnances.

Dans les faillites, les affirmations de créance ne sont, par exception, soumises qu'à un seul droit fixe de 3 fr., quel que soit le nombre de créanciers. (*Art.* 13 *de la loi du 24 mai* 1834.)

Affirmations de procès-verbaux des employés, gardes et agents salariés par l'État, faits dans l'exercice de leurs fonctions. (*Numéro* 12 *du troisième paragraphe de l'art.* 70 *de la loi du 22 frimaire an* VII.) Exemptes d'enregistrement.

Agents de change. — Voyez Adjudications 4°, et Ordonnances 5°.

Ajournements. — Voyez Exploits.

Alignements. — Voyez Expropriations.

TABLEAU DES AMENDES *de contraventions telles qu'elles étaient fixées avant la loi du 16 juin 1824, telles qu'elles ont été réduites depuis, et subsistant* ACTUELLEMENT.

NATURE DES CONTRAVENTIONS.	QUOTITÉS DES AMENDES suivant	
	les lois antérieures à celle du 15 juin.	les lois actuelles.
ARTICLE PREMIER. **ENREGISTREMENT,**......		
1° Acte fait en conséquence d'un acte public non enregistré........................	5o fr.	10 fr.
2° Acte sujet au droit proportionnel......	droit en sus ou 5o fr.	droit en sus ou 10 fr.
3° Défaut d'enregistrement préalable des actes sous signatures privées.........	5o	10
4° Défaut d'enregistrement dans les délais des actes notariés sujets au droit......	5o	droit en sus ou 10 fr.
5° *Idem* des actes d'huissiers.............	25	5
6° Défaut de détail dans la relation.....	10	5
7° ——— de mention de relation d'enregistrement,......................	10	5
8° Défaut de rédaction des actes de dépôt..	5o	10
9° Omission ou intercalation sur le répertoire.........................	10	5
10° Refus de communication du repertoire ou des minutes........................	5o	10
Et 11° Retard dans le *visa* du répertoire...	10 (par décade).	10

NATURE DES CONTRAVENTIONS.	QUOTITÉS DES AMENDES suivant	
	les lois antérieures à celle du 16 juin.	les lois actuelles.
ART. 2.		
TIMBRE.		
1° Acte expédié à la suite d'un autre acte..	100	20
2° ——rédigé en conséquence d'un acte non timbré..........................	100	20
3° Apposition et distribution d'affiches non timbrées............................	100	20
4° Emploi de papier frappé d'un timbre hors d'usage.............................	100	20
5° ——— de papier ayant déjà servi.....	100	20
6° ——— de papier non débité par l'administration..........................	100	20
7° ——— de papier non timbré....	30 / 100	5 / 20
8° ——— de papier blanc pour affiches. (*Imprimeur*).....................	100	20
9° Empreinte de timbre altérée.........	25	5
10° Expédition ou extrait sur papier d'un timbre au-dessous d'un franc vingt-cinq.	50	10
11° ———Contenant plus de lignes à la page qu'il ne doit y en avoir..............	25	5
Et 12° Papier non timbré employé pour affiches (*Imprimeur*)...................	500	50
———Pour les *amendes du timbre commercial et proportionnel*, voir la loi du 24 mai 1834, et le mot TIMBRE,..............	mémoire.	
ART. 3.		
VENTE PUBLIQUE DE MEUBLES.		
1° Altération de prix..................	100	20
2° Article de vente non porté au procès-verbal,...........................	100	20
3° Défaut de déclaration préalable........	100	20
4° ———de transcription de cette déclaration.......................	25	5
5° Prix énoncé en chiffres..............	15	5
Et 6° Vente faite sans le ministère d'un officier public.......................	50 à 1000	10 à 100
ART. 4 ET DERNIER.		
NOTARIAT.		
1° Abréviations, blancs, lacunes, défaut d'énonciation des noms, qualités et demeures des parties et des témoins, sommes et dates mises en chiffres défaut de mention de la lecture des actes aux parties, procurations non annexées, etc....	100	20
2° Additions, interlignes, ratures, surcharges..............................	50	10

NATURE DES CONTRAVENTIONS.	QUOTITÉS DES AMENDES suivant	
	les lois antérieures à celle du 16 juin.	les lois actuelles.
3° Clauses et expressions abolies, défaut d'énonciation des mesures métriques ou de numérations décimales..............	100 et 200 en cas de récidive.	20 et 40 en cas de récidive.
4° Défaut d'énonciation de la *patente des commerçants*....................	500	50
—— d'indication des noms et residence du notaire..................	100	20
5° Dépôt annuel, au greffe, du double du répertoire des notaires; *retard à effectuer ce dépôt*....................	100 par mois.	10
6o —— Des extraits de contrat de mariage *de commerçants*..............	100	20
Et 7° Expédition délivrée ou communication donnée à d'autres qu'aux parties interessées	100	20

Antichrèses. — Voyez ENGAGEMENTS D'IMMEUBLES.

Appels. — Voyez DÉCLARATIONS D'APPELS et EXPLOITS.

Appositions de scellés................. 2 fr. fixe.
Il est dû un droit pour chaque vacation de trois heures.
A l'exception des scellés après faillite, pour lesquels il n'est dû qu'un seul droit, quel que soit le nombre des vacations. (*Art. 11 de la loi du 24 mai 1834.*)
Voyez PROCÈS-VERBAUX, 1°, 2° et 3°.

Apprentissages. — Voyez BREVETS.

Arbitrages. — Voyez JUGEMENTS.

Arbitres. — Voyez NOMINATIONS et JUGEMENTS.

Arrêts de deniers ou saisies-arrêts. — Voyez EXPLOITS.

1° **Arrêts** interlocutoires ou préparatoires, rendus par les Cours royales, lorsqu'ils ne seront pas susceptibles d'un droit plus élevé, et les ordonnances et actes devant les mêmes Cours. (*Art. 45, numéro 6 de la loi du 28 avril 1816*.................... 5 fr. fixe.

2° **Arrêts** définitifs des Cours royales, dont le droit proportionnel ne s'élèverait pas à dix francs. (*Numéro 2 de l'art. 46 de la loi du 28 avril 1816.*).... 10 fr. fixe.

3º **Arrêts** interlocutoires ou préparatoires de la Cour de cassation et des Conseils de Sa Majesté. (*Numéro 3 de l'art. 46 de la loi du 28 avril 1816.*)......... 10 fr. fixe.

4º **Arrêts** des Cours royales portant interdiction ou prononçant séparation de corps entre mari et femme. (*Numéro 2 de l'art. 47 de la loi du 28 avril 1816.*).. 25 fr. fixe.

5º **Arrêts** définitifs de la Cour de cassation et des Conseils de Sa Majesté. (*Numéro 3 de l'art. 47 de la loi du 28 avril 1816.*)...................... 25 fr. fixe.

6º **Arrêts** de Cours d'appel confirmant une adoption. (*Numéro 1 de l'art. 49 de la loi du 28 avril 1816.*)
100 fr. fixe.

7º **Arrêts** qui ont prononcé, depuis le 28 avril jusqu'au 8 mai 1816, définitivement sur une demande en divorce. S'il n'y a point d'appel, ce droit sera perçu sur l'acte de l'officier de l'état civil (*a*). (*Numéro 2 de l'art. 49 de la loi du 28 avril 1816.*)................... 100 fr. fixe.
Voir Actes, nᵒˢ 10º et 21º.

(*a*) Restent assujettis au droit fixe de 15 fr. porté par le n. 1 du sixième paragraphe de l'art. 68 de la loi du 22 frimaire an VII, les *expéditions* des actes de divorce qui ont eu lieu , *sans l'intervention judiciaire, avant le Code civil.* (*Décis. min. du 11 septembre 1816 transmise par l'instruction générale, numéro 758.*)

Arrêtés de comptes. — Voyez CONTRATS 3º, et QUITTANCES.

Arrondissements. — Voyez ACQUISITIONS.

Assemblées de parents. — Voyez AVIS DE PARENTS.

Assignations et tous autres exploits devant les prud'hommes. (*Numéro 2 de l'art. 41 de la loi du 28 avril 1816.*)
50 cent. fixe.

Assignations. — Voyez EXPLOITS.

Assurances contre l'incendie, avec stipulation de primes. Sur le montant des primes........ 1 fr. pour 100.
Voyez ACTES 3º.

Assurances maritimes. — Voyez ABANDONNEMENTS , et ACTES 3º.

Attermoiements entre débiteurs et créanciers. 3 fr. fixe.

Quelle que soit la somme que les débiteurs commerçants s'obligent à payer.

Voyez CONCORDATS.

Attermoiements de non-commerçants : *sur les sommes à payer*.......................... 50 cent. pour 100.

Attestations pures et simples. (*Art. 68, premier paragraphe, numéro 10 de la loi du 22 frimaire an* VII.)
1 fr. fixe.

Autorisations pures et simples. (*Numéro 5 de l'art.* 43 *de la loi du* 28 *avril* 1816.)............. 2 fr. fixe.

Aval, — Voyez LETTTES DE CHANGE.

Avancements d'hoirie. — Voyez DONATIONS ENTRE-VIFS ET CONTRATS DE MARIAGE.

Avis de parents. (*Numéro 4 de l'art.* 43 *de la loi du* 28 *avril* 1816.)........................ 2 fr. fixe.

Avocats à la Cour de cassation. —Voyez ADJUDICATIONS 4°, et ORDONNANCES 5°.

Avoués.—Voyez ADJUDICATIONS 4°, et ORDONNANCES 5°

B.

Baux à ferme ou à loyer des biens meubles ou immeubles, sur le prix cumulé de toutes les années. (*Numéro 1 de l'art.* 1 *de la loi du* 16 *juin* 1824.) 20 cent. pour 100 fr.

Baux de pâturage et nourriture d'animaux, sur le prix cumulé, etc. (*Numéro 2 de l'art.* 1 *de la loi du* 16 *juin* 1824.).................... 20 cent. pour 100 fr.

Baux à cheptel, ou reconnaissances de bestiaux, sur le prix, etc. (*Numéro 3 de l'art.* 1 *de la loi du* 16 *juin* 1824.).................... 20 cent. pour 100 fr.

Baux ou conventions pour nourriture de personnes, lorsque la durée sera limitée, sur le prix cumulé, etc. (*Numéro 4 de l'art.* 1 *de la loi du* 16 *juin* 1824.) 20 cent. p. 100 fr.

Le droit de *cautionnement* de ces baux est de moitié.

Sous-baux, subrogations, cessions et rétrocessions de baux.

Le droit sera liquidé et perçu sur les années à courir comme il est établi pour les baux.

Seront considérés, pour la liquidation et le paiement du droit, comme baux de neuf années, ceux faits pour trois, six ou neuf ans.

Les baux de biens nationaux sont assujétis aux mêmes droits. (*Numéro 2 du troisième paragraphe de l'art.* 69 *de la loi du* 22 *frimaire an* VII.). 20 cent. pour 100 fr.

Baux emphytéotiques et leur cession. (*Arrêts de la Cour de cassation des* 14 *avril* 1834, *et* 1er *avril* 1840.)
5 fr. 50 c. pour 100 fr.

Voir VENTE D'IMMEUBLES.

Baux verbaux............. Exempts d'enregistrement

La Cour de cassation a décidé, les 12, 17, 24 et 26 juin 1811 et 3 décembre de la même année, que *les locations verbales ne sont pas assujetties au droit d'enregistrement :* cette jurisprudence a été adoptée par l'administration.

Baux à convenant ou domaine congéable. 5 fr. 50 p. 100 fr.

Baux à rentes perpétuelles de biens immeubles, ceux à vie, et ceux dont la durée est illimitée. (*Numéro 2 du septième paragraphe de la loi du* 22 *frimaire an* VII, *et art.* 52 *et* 54 *de la loi du* 28 *avril* 1816.).. 5 fr. 50 pour 100 fr.

Bilans. (*Art.* 68, *premier paragraphe, numéro* 13 *de la loi du* 22 *frimaire an* VII.)............. 1 fr. fixe.

Billets simples contenant obligations. — Voyez CONTRATS 3°.

Billets à ordre, les cessions d'actions et coupons d'actions mobilières des compagnies et sociétés d'actionnaires, et tous autres effets négociables de particuliers ou de compagnie, à l'exception des lettres de change tirées de place en place. (*Numéro 6 du deuxième paragraphe de l'art.* 69 *de la loi du* 22 *frimaire an* VII.) 50 c. p. 100 fr.

(Deux arrêts de la Cour de cassation, des 7 et 15 avril 1824, ont décidé que les ventes d'actions sur les canaux et les mines étaient réputées ventes mobilières encore bien que la société soit propriétaire de biens immobiliers.)

Les effets négociables de cette nature pourront n'être

présentés à l'enregistrement qu'avec les protêts qui en auront été faits. — (Numéro 6 du deuxième paragraphe de l'art. 69 de la loi du 22 frimaire an VII.)
V. LETTRES DE CHANGE.

Billets d'étapes, de subsistance et de logement.........
.... Exempts d'enregistrement.
V. ENGAGEMENTS.

Bordereaux de collocation. — V. ACTES, JUGEMENTS ET ORDONNANCES.

Brevets d'apprentissage qui ne contiennent ni obligation de sommes et valeurs mobilières, ni quittance. (*Numéro 14 du premier paragraphe de l'art. 68 de la loi du 22 frimaire an* VII.)   1 fr. fixe.

Brevets d'apprentissage, lorsqu'ils contiendront stipulation de sommes ou valeurs mobilières, payées ou non. (*Numéro 7 du deuxième paragraphe de l'art. 69 de la loi du 22 frimaire an* VII.)   50 cent. pour 100 francs.

Bureaux, *où les actes et mutations doivent être enregistrés.*
Les art. 26 et 27 de la loi du 22 frimaire an VII portent :
Art. XXVI. Les notaires ne pourront faire enregistrer leurs actes qu'aux bureaux dans l'arrondissement desquels ils résident (*a*).
Les huissiers et tous autres ayant pouvoir de faire des exploits, procès-verbaux ou rapports, feront enregistrer leurs actes, soit au bureau de leur résidence, soit au bureau du lieu où ils les auront faits (*b*).
Les greffiers et les secrétaires des administrations centrales et municipales (*c*) feront enregistrer les actes qu'ils sont tenus de soumettre à cette formalité, aux bureaux dans l'arrondissement desquels il exercent leurs fonctions.
Les actes sous signature privée, et ceux passés en pays étranger, pourront être enregistrés dans tous les bureaux indistinctement (*d*).

(*a*) Les seuls notaires près les cours royales, et pour les inventaires seulement, peuvent faire enregistrer ces actes dans les bureaux où ils instrumenteront, excepté la dernière vacation qui doit toujours recevoir la formalité au bureau de leur résidence. (*Décis. min. fin. 12 therm. an 12. Inst. 290, §32.*)

Les actes passés en double minute seront enregistrés sur chaque minute, au bureau de la résidence de chacun des notaires qui les recevront. (*Déc. min. fin. et du grand-juge, 16 août 1808. Inst. 400, numéro 1.*)

(*b*) Les gardes et agents forestiers, les gardes-champêtres et les préposés des douanes peuvent faire enregistrer leurs actes au bureau le plus voisin de leur résidence. (*Décis. min. fin. 28 novembre 1809, 27 août 1823 et 20 mars 1826.*)

(*c*) « Les dispositions de la loi du 22 frimaire, relatives aux administrations civiles et aux tribunaux alors existants, sont applicables aux fonctionnaires civils et aux tribunaux qui les remplacent. » (*Art. 6 de la loi du 27 ventôse an 9 et 18 mars 1801.*)

(*d*) L'art. 1000 du Code civil porte :

« Les testamenis faits en pays étrangers ne pourront être exécutés sur les biens situés en France qu'après avoir été enregistrés au bureau du domicile du testateur s'il en a conservé un, sinon au bureau de son dernier domicile connu en France; et dans le cas où le testament contiendrait des dispositions d'immeubles qui y seraient situés, il devra être, en outre, enregistré au bureau de la situation de ces immeubles, sans qu'il puisse être exigé un double droit. »

Et l'article 1001 les frappe de nullité en cas d'inobservation des formalités prescrites.

Les heures de bureau doivent généralement être de huit du matin jusqu'à quatre heures de l'après-midi, excepté les dimanches et fêtes; toutefois *la vente du papier timbré* doit commencer tous les jours de sept heures du matin jusqu'à six heures du soir; et les dimanches et jours fériés jusqu'à deux heures de l'après-midi seulement. (*Inst. du 4 juillet 1841, numéro 1637.*)

Art. XXVII. Les mutations de propriété et d'usufruit par décès seront enregistrées au bureau de la situation des biens.

Les héritiers, donataires ou légataires, leurs tuteurs ou curateurs seront tenus d'en passer déclaration détaillée, et de la signer sur le registre.

S'il s'agit d'une mutation, au même titre, de biens meubles, la déclaration en sera faite au bureau dans l'arrondissement duquel ils se seront trouvés au décès de l'auteur de la succession.

Les rentes et autres biens meubles, sans assiette déterminée lors du décès, seront déclarés au bureau du domicile du décédé.

Les héritiers, légataires ou donataires, rapporteront, à l'appui de leurs déclarations de biens meubles, un inventaire ou un état estimatif, article par article, par eux certifié, s'il n'a pas été fait par un officier public ; cet inventaire sera déposé et annexé à la déclaration qui sera reçue et signée sur le registre du receveur de l'enregistrement (a).

(a) Les héritiers, légataires ou donataires ne sachant pas écrire, pourront se dispenser de rapporter, à l'appui des déclarations de mutations par décès, l'état estimatif des biens meubles appartenant à la succession, lorsqu'il n'existera pas d'inventaire fait devant notaire. La déclaration contiendra le détail des objets mobiliers avec l'estimation par chaque article. Le receveur attestera, par sa signature, la déclaration de la partie portant qu'elle ne sait pas écrire. (*Inst.* 1400 *du* 22 *mai* 1832.)

C.

Cahiers de charges, s'ils sont rédigés et signés séparément du contrat ou de l'adjudication.   1 fr. fixe.
V. Actes innommés.

Canaux. — Traités, annexes, cautionnement, ventes et autres actes.   1 fr. fixe.

Carence. — V. procès-verbaux.

Cartouches délivrées aux militaires et marins, par l'une ou l'autre administration du service de terre ou de mer.....
.... Exemptes d'enregistrement.
    V. Engagements.

Cassation. — V. Actes 13º, Arrêts 3º, 5º, et Exploits 3º.

Cautionnements de sommes et objets mobiliers, les garanties mobilières et les indemnités de même nature. (*Numéro* 8 *du deuxième paragraphe de l'art.* 69 *de la loi du* 22 *frimaire an* VII.   50 cent. pour 100 fr.
    Excepté les cautionnements relatifs aux adjudications et marchés au rabais pour constructions, etc., dont le prix doit être payé par le Trésor royal, soumis au droit fixe de 1 fr. par l'art. 75, numéro 2 de la loi du 15 mai 1818.
    Et les cautionnements de baux réduits à 10 cent. par 100 fr., suivant l'art. 1er de la loi du 16 juin 1824.
    Le droit sera perçu indépendamment de celui de la disposition que le cautionnement, la garantie ou l'indemnité aura pour objet, mais sans pouvoir l'excéder.

Il ne sera perçu qu'un demi-droit pour les cautionne-
ments de comptables avec l'état (a).

(a) Les cautionnements en immeubles des conservateurs des hypothèques ne sont sujets qu'au droit fixe de 1 fr. aux termes de
l'art. 5 de la loi du 21 ventôse an VIII.

Cautionnements des baux à ferme ou à loyer. Le
droit est de moitié de celui fixé pour les baux. Sur le prix
cumulé .... 10 c. pour 100 fr.
V. Baux.

Cautionnements de se représenter ou de représenter
un tiers, en cas de mise en liberté provisoire, soit en vertu
d'un sauf-conduit dans les cas prévus par le Code de procédure et le Code de commerce, soit en matière civile, soit
en matière correctionnelle ou criminelle. (*Quatrième alinéa*
de l'art. 50 de la loi du 28 avril 1816.). 50 c. pour 100 f.

Cédules pour appeler au bureau de conciliation, sauf le
droit de la signification. (*Numéro 10 du troisième para-*
graphe de l'art. 70 de la loi du 22 frimaire an VII (a).
.... Exemptes d'enregistrement.

(a) Exemption confirmée et appliquée à toutes par la loi du 18
thermidor an VIII.

Certificats de cautions et de cautionnements. (*Numéro* 6
de l'art. 43 de la loi du 28 avril 1816.)... 2 fr. fixe.

Certificats purs et simples, ceux de vie par chaque individu
et ceux de résidence. (*Art. 68 du premier paragraphe,*
numéro 17 de la loi du 22 frimaire an VII. 1 fr. fixe.

(a) La loi du 22 floréal an VII, art. 10, exempte de tout autre
droit que le timbre les certificats de vie pour les rentes ou pensions
délivrés sans frais par les municipalités, et le décret du 21 août
1806, art. 10. porte que les certificats de vie nécessaires pour *le*
paiement de rentes ou pensions sur l'État seront délivrés par les
notaires certificateurs nommés à cet effet, et *exempts de tous droits*
d'enregistrement.

Certificats de vie délivrés aux militaires et marins. ou à
leurs veuves, pour toucher les soldes de retraite. (*Art.* 70,
troisième paragraphe, numéro 13 de la loi du 22 frimaire
an VII..................... Exempts d'enregistrement.

D'après une ordonnance du roi, en date du 20 juin 1817, (instr. gén., numéros 787, 1051 et 1054), les certificats de vie délivrés aux militaires et aux marins, ou à leurs veuves, sont pareillement exempts du timbre, ainsi que ceux délivrés par les notaires certificateurs aux rentiers et pensionnaires de l'état, ou de la liste civile. (*Décision ministérielle du 17 février 1817.*)

Certificats de propriété de rentes sur l'état, délivrés soit par les juges de paix, soit par les notaires, soit par les greffiers (*quel que soit le nombre d'individus y dénommés et celui des inscriptions dont les mutations s'opèrent à leur profit.*) (Décisions min. des 27 août et 17 septembre 1823, *nombr.* 1 de l'inst. gén. numéro 1094), *seulement s'il en est fait usage en justice ou dans actes publics.* Inst. 1679.................................... 1 fr. fixe.

Certificats des greffiers pour constater le défaut d'inscription d'un acte sur les registres de l'état civil ou le défaut de dépôt de ces registres....... Exempts d'enregistrement.

Certificats relatifs aux expropriations forcées pour cause d'utilité publique.......... Exempts d'enregistrement.

Certificats relatifs aux chemins vicinaux............. .... Exempts d'enregistrement.

Certificats d'individualité. V. ACTES 9°.

Certificats. V. ENGAGEMENTS.

Cessions d'actions dans les compagnies. 50 c. pour 100 fr. V. BILLETS.

Cessions de portions indivises dans les compagnies qui possèdent des immeubles.   2 fr. pour 100 fr. V. BILLETS ET ADJUDICATIONS.

Cessions *de baux emphytéotiques.* 5 fr. 50 c. pour 100 f. V. BAUX EMPHYTÉOTIQUES ET VENTE D'IMMEUBLES.

Cessions d'offices de notaires, avoués, greffiers, huissiers, agents de change, courtiers et commissaires priseurs. V. ADJUDICATIONS 4°, et ORDONNANCES 5°.

Cessions et transports de créances à terme. 1 fr. pour 100. V. CONTRATS, 3°.

Cessions de rente. — V. CONSTITUTIONS.

Cessions de rentes foncières ou constituées, créés antérieurement à la loi du 11 brumaire an VII. — *Avec le droit de transcription.* Arrêt de la Cour de cassation du 30 août 1807.   3 fr. 50 c. pour 100 fr.
V. Constitutions.

Cessions d'objets mobiliers. — V. ADJUDICATIONS, 4°.

Cessions d'objets immobiliers. — V. ADJUDICATIONS, 5°.

Chambres de discipline. Actes intérieurs relatifs à la discipline des notaires, avoués, huissiers et commissaires-priseurs. (*Arrêtés des 13 frimaire, 29 germinal an 9 et 2 nivôse an 12.*).............. Exempts d'enregistrement.

Charges. Ne sont pas dans le cas d'être déduites. — Voir cependant au mot REPRISES.

Charges. — V. ADJUDICATIONS, 4°, ORDONNANCES, 5°.

Chemins de fer et *Chemins vicinaux.*

Les plans, procès-verbaux, certificats, significations, jugements, contrats, marchés, adjudications de travaux, quittances et autres actes relatifs... Exempts d'enregistrement.

Cheptel. — V. BAUX.
Citations. — V. EXPLOITS.
Clotures d'inventaires. (*Numéro 2 du deuxième paragraphe de l'art. 68 de la loi du 22 frimaire an VII.*   2 fr. fixe.

Collations d'actes et pièces ou d'extraits d'iceux par quelque officier public. *Le droit sera payé par chaque acte, pièce ou extrait collationné.* (Art. 68, premier paragraphe, numéro 18 de la loi du 22 frimaire an VII.   1 fr. fixe.

Collocations. — V. ACTES ET JUGEMENTS.
Colonies. — V. Actes passés en pays étranger ou dans les colonies. LETTRES DE CHANGE, et le DICTIONNAIRE GÉNÉRAL DES HYPOTHÈQUES.

Commands. — V. DÉCLARATION de commands.

Commandements. — V. EXPLOITS.

Commissaires-priseurs. — V. OFFICES, ADJUDICATIONS 4°, et ORDONNANCES, 5°.

Commissions rogatoires, délivrées par les tribunaux étrangers et actes faits en conséquence en France.   Gratis.

Et non sujettes au timbre.

Il faut qu'elles soient transmises *par les voies diplomatiques ;* et non à la requête des parties intéressées qui restent sujettes aux droits. (*Décision du ministre des finances du 27 mars 1829. Instruction 1274.*)

Communes. — V. ACQUISITIONS.

Compromis ou nominations d'arbitres qui ne contiennent aucune obligation de sommes et valeurs donnant lieu au droit proportionnel. (*Numéro 2 de l'art. 44 de la loi du 28 avril 1816.*)........................... 3 fr. fixe.

Comptes contenant obligation de sommes. 1 fr. pour 100.
   V. CONTRATS, 3°.

Comptes contenant quittance   50 c. pour 100 fr.
   V. QUITTANCES.

Comptes de recette ou gestion publique................
.... Exempts d'enregistrement.
   V. RÉCÉPISSÉS.

Compulsoires. — V. JUGEMENTS.

Concordats ou attermoiements, consentis conformément aux art. 519 et suivants du Code de commerce, quelle que soit la somme que le failli s'oblige de payer. (*Art. 14 de la loi du 24 mai 1834.*)   3 fr. fixe.

Condamnations. — V. JUGEMENTS.

Congés accordés à des militaires ou marins...........
.... Exempts d'enregistrement.
   V. ENGAGEMENTS.

Congés et passavants.   Exempts d'enregistrement.
   V. QUITTANCES de contributions.

Congrégations religieuses. — V. ACQUISITIONS.

Connaissements ou reconnaissances de chargement par mer. (*Art. 44 numéro 6 de la loi du 28 avril 1816.*)
      3 fr. fixe.

Il est dû un droit par chaque personne à qui les envois sont faits. (Art. 68 premier paragraphe, numéro 20 de la loi du 2 frimaire an VII.)

Conseil de famille. — V. AVIS DE PARENTS.

Conseil d'état. — V. ARRÊTS, 3° et 5°.

Conseils de prud'hommes. — V. ACTES 11°, PROCÈS-VERBAUX, 11°.

Conseils de discipline de la garde nationale. Les actes de poursuite, jugements et arrêts concernant la garde nationale sont affranchis du timbre et enregistrés. (*Art.* 121 *de la loi du 22 mars* 1831.) Gratis.

Consentements purs et simples. (*Numéro* 7, *art.* 43 *de la loi du 28 avril* 1816.) 2 fr. fixe.

Consignations. — V. ACTES, 26°.

Consistoires. — V. ACQUISITIONS.

Constitutions de dots. — V. CONTRATS de mariage.

Constitutions de pensions alimentaires , consenties volontairement par des enfants envers leurs pères et mères ou ascendants. (*Déc. du min. des finances, du* 12 *septembre* 1809. *Inst. gén.* n° 450), combinée avec les dispositions de l'art. 1er de la loi du 16 juin 1824. Sur le capital formé de dix fois le montant annuel de la pension. 20 c. pour 100 fr.

Lorsqu'il n'y a pas de sommes déterminées, il n'est dû que 1 fr. fixe.

Constitutions de rentes, soit perpétuelles, soit viagères, et de pensions à titre onéreux, les cessions (*a*), transports et délégations qui en sont faits au même titre, et les baux de biens meubles faits pour un temps illimité.. 2 fr. p. 100.

(*a*) Le droit additionnel de transcription est dû sur les actes de transport de rentes constituées avant la publication de la loi du 11 brumaire an VII, et qui par la législation antérieure étaient susceptibles d'hypothèques.(*Inst. gén.* 1249, *septième paragraphe.*)

Contraintes............ Exemptes d'enregistrement. Lorsqu'elles ont pour objet un recouvrement au dessus de 100 fr., la *signification* qui en est faite. (*Art.* 68, *premier paragraphe, numéro* 30 *de la loi du* 22 *frimaire an* VII *et art.* 6 *de celle du* 16 *juin* 1824.)..... 1 fr. fixe. Voyez EXPLOITS.

Contrats d'assurances. — Voyez ACTES, 3°.

.1° **Contrats** de mariage et actes de formation ou de dissolution de société. (*Art. 45 numéro* **2** *de la loi du* **28** *avril* 1816.......................... **5 fr. fixe.**

2° **Contrats** de mariage qui ne contiennent d'autres dispositions que des déclarations, de la part des futurs, de ce qu'ils apportent eux-mêmes en mariage et se constituent, sans aucune stipulation avantageuse entre eux. (*Numéro 2 de l'article 45 de la loi du 28 avril 1816*) (*a*). **5 fr. fixe.**

(*a*) Il n'est pas dû de droit particulier pour le préciput. (*Déc. de l'adm. du 26 juin 1827.*) Néanmoins le droit fixe continuera d'être perçu lorsqu'il sera stipulé que la femme aura droit de prendre son préciput, même en renonçant à la communauté. (*Décision du ministre des finances du 6 mai 1828. Inst. gén. numéro 1256.*) *Jugement contraire du tribunal de la Seine, du 11 janvier 1843.*

La reconnaissance y énoncée, de la part du futur, d'avoir reçu la dot apportée par la future ne donne pas lieu à un droit particulier.

Si les futurs sont dotés par leurs ascendants, ou s'il leur est fait des donations par des collatéraux ou autres personnes non parentes, par leur contrat de mariage, les droits, dans ces cas, sont perçus suivant la nature des biens, ainsi qu'ils sont réglés. (*Numéro 1 du troisième paragraphe de l'art. 68 de la loi du 22 frimaire an* VII.)

Voyez DONATIONS.

3° **Contrats**, transactions, promesses de payer, arrêtés de comptes, billets, mandats ; les transports, cessions et délégations de créances à terme ; les délégations de prix stipulés dans un contrat pour acquitter des créances à terme envers un tiers, sans énonciation de titre enregistré, sauf, pour ce cas, la restitution dans le délai prescrit, s'il est justifié d'un titre précédemment enregistré ; les reconnaissances, celles de dépôts de sommes chez des particuliers, et tous autres actes ou écrits qui contiendront obligation de sommes, sans libéralité, et sans que l'obligation soit le prix d'une transmission de meubles ou immeubles non enregistrée. (*Numéro 3 du troisième paragraphe de l'art. 69 de la loi du 22 frimaire an* VII.......................... **1 fr. p. 100.**

Contre-lettre.—Toute contre-lettre faite *sous signature privée*, qui aurait pour objet une *augmentation* du prix stipulé dans un acte public, ou dans un acte sous seing privé, précédemment enregistré, est déclarée nulle et de nul effet.

Néanmoins, lorsque l'existence en sera constatée, il y aura

lieu d'exiger, à titre d'amende, une somme triple du droit qui aurait eu lieu sur les sommes et valeurs ainsi stipulées. (*Art. 40 de la loi du 22 frimaire an* VII.)   triple droit.

L'amende n'est pas exigible lorsque la contre-lettre est présentée à l'enregistrement en même temps que l'acte de vente. (*Décision de l'administration du 11 juin 1833.*)

Contributions indirectes. — Voyez ACTES 18°.

Conventions verbales. — Voyez JUGEMENTS.

Cote et paraphe. — Voyez PROCÈS-VERBAUX.

Cours royales ou d'appel. — Voyez ARRÊTS, 1°, 2°, 4°, 6° et 7°.

Cour de Cassation. — Voyez ARRÊTS, 3° et 5°.

Courtiers de commerce. — Voyez ADJUDICATIONS, 4°, AMENDES ET ORDONNANCES 5°.

Curateurs. — Voyez NOMINATIONS.

D.

Débets. — Voyez ACTES 14° à 18°.

Déboutés d'oppositions. — Voyez ACTES ET JUGEMENTS.

Décharges pures, simples et récépissés des pièces. (*Numéro 8 de l'art. 43 de la loi du 28 avril 1816.*) 2 f. fixe.

Décharges de dépôts et consignations de sommes et effets mobiliers, données aux officiers publics par les déposants ou leurs héritiers, lorsque la remise des objets déposés leur est faite....................................... 2 fr. fixe.
Voyez DÉPOTS ET CONSIGNATIONS.

Décharges. — Voyez ACTES 12° ET DÉPOTS.
A l'égard des décharges qui ont lieu en justice. — Voyez JUGEMENTS.

Déchéances d'appels. — Voyez ACTES ET JUGEMENTS.

Décime par francs. — Voyez l'observation en tête du présent livret.

1° **Déclarations** et significations d'appel des jugements des juges de paix aux tribunaux civils. (*Numéro 3 du qua-*

trième paragraphe de l'art. 68 de la loi du 22 frimaire an VII.................................... 5 fr. fixe.

    La dernière disposition du numéro 30 du premier paragraphe de l'art. 68 de la loi du 22 frimaire an VII *est applicable aux appels dont s'agit.* (Art. 13 de la loi du 27 ventose an IX.) « Il sera dû un droit par chaque demandeur, etc. »

2° **Déclarations** et significations d'appel des jugements des tribunaux civils de commerce et d'arbitrage. *Il sera dû un droit par chaque demandeur, etc. (Cinquième paragraphe de l'art. 68 de la loi du 22 frimaire an* VII.) .... 10 fr. fixe.

3° **Déclarations** d'appels. — Lorsqu'elles sont faites en matière de police correctionnelle, et que *l'appelant est emprisonné*.................................... En *débet*.

4° **Déclarations** d'appel de police correctionnelle, faites par des personnes non emprisonnées........... 1 fr. fixe.
    Voyez ACTES 18°.

5° **Déclarations** d'appel, en matière civile ou commerciale. — Voyez EXPLOITS.

6° **Déclarations** ou élections de commands ou d'amis, lorsque la faculté d'élire un command a été réservée dans l'acte d'adjudication ou le contrat de vente, et que la déclaration est faite par acte public, et notifiée dans les 24 heures de l'adjudication ou du contrat. (*Numéro 3 de l'art. 44 de la loi du 28 avril* 1816.) (*a*)............. 3 fr. fixe.

(*a*) Le délai est de trois jours pour les avoués enchérisseurs (article 709 du Code de procédure civile), indépendamment des vingt-quatre heures réservées aux parties, à compter de la déclaration de l'avoué. (*Arrêt de la Cour de cassation du 25 février* 1823.)

    Aux termes des art. 23, 88 et 90 du Code forestier, lorsqu'il s'agit d'adjudication des bois de l'État, des communes, etc., *la déclaration de command doit être faite séance tenante.*

    Le droit n'est pas dû si la déclaration est contenue dans le corps de l'acte. (*Décis. admin. du 26 juin* 1816.)

7° **Déclarations** ou élections de commands ou d'amis, par suite d'adjudication ou contrats de vente de biens immeubles, autres que celles des domaines nationaux, si la déclaration est faite après les vingt-quatre heures de l'adjudication ou du contrat, ou lorsque la faculté d'élire un command n'y a pas été réservée. (*Numéro* 3 *du septième paragraphe de l'art.* 69 *de la loi du* 22 *frimaire an* VII *et art.* 52 *de celle du* 28 *avril* 1816...   5 fr. 50 c. p. 100 fr.

8° **Déclarations** pures et simples, en matière civile ou de commerce. (*Numéro* 9 *de l'article* 43 *de la loi du* 28 *avril* 1816.)........................... 2 fr. fixe.

9° **Déclaration** d'un titulaire de cautionnement, en faveur de son bailleur de fonds, pour lui acquérir le privilége du second ordre, soit que le titre du bailleur de fonds soit enregistré, soit qu'il n'ait pas été soumis à la formalité, pourvu, dans l'un et l'autre cas, que la déclaration soit faite selon le décret du 22 décembre 1812 , *Art.* 3........   1 fr. fixe.

10° **Déclarations** de perte d'inscriptions sur le grand livre. (*Art.* 2 *du décret du* 3 *messidor an* XII.   1 fr. fixe.

11° **Déclarations** de successions. — Voyez BUREAUX, DÉLAIS, SUCCESSIONS et le MANUEL DES HÉRITIERS.

12° **Déclarations.** — Voyez FORMALITÉS.

13° **Déclarations** pour mutations verbales d'immeubles dans les trois mois.............. 5 fr. 50 c. p. 100.
Double droit après trois mois.

Déclinatoires. — Voyez JUGEMENS.

Délais. — Les art. 20 , 21, 22, 23, 24 et 25 de la loi du 22 frimaire an VII portent :

ART. XX. Les délais pour faire enregistrer les actes publics sont, savoir :

De quatre jours, pour ceux des huissiers et autres ayant pouvoir de faire des exploits et procès-verbaux (*a*) ;

De dix jours, pour les actes des notaires qui résident dans la commune où le bureau d'enregistrement est établi (*b*) ;

De quinze jours, pour ceux des notaires qui n'y résident pas (*b*) ;

De vingt jours pour les actes judiciaires soumis à l'enregistrement sur les minutes, et pour ceux dont il ne reste pas de minute au greffe, ou qui se délivrent en brevet ;

De vingt jours aussi, pour les actes des administrations centrales et municipales assujéties à la formalité de l'enregistrement (*c*).

(*a*) L'art. 170 du Code forestier porte : « Les procès-verbaux seront, sous peine de nullité, enregistrés dans les quatre jours qui suivent celui de l'affirmation, ou celui de la clôture du procès-verbal s'il n'est pas sujet à l'affirmation.

(*b*) L'art. 23 de la loi du 24 mai 1834 porte exception à ces règles ainsi qu'il suit : « A compter du jour de la publication de la présente loi, les actes de *protêts faits par les notaires* devront être enregistrés dans le même délai (4 jours) et seront assujettis au même droit d'enregistrement que ceux faits par les huissiers.

Tous les actes qui ne peuvent être consommés que pendant plusieurs séances doivent être enregistrés dans les délais fixés pour chaque vacation. Le délai court à partir de la date du procès-verbal de chaque vacation, et non de la date de la dernière de toutes les vacations. (*Déc.* 10 *brumaire an* 14. *Inst.* 296.)

Les délais pour les *actes ayant plusieurs dates* ne courent que du jour de la dernière date où l'acte est devenu complet.

Les baux des hospices et autres établissements publics de bienfaisance et d'instruction publique doivent être enregistrés dans le délai de 15 jours à partir de la date de la réception par les maires des actes approuvés par le préfet. (*Décret du* 12 *août* 1807. *Inst.* 386, *numéro 6, et du* 7 *février* 1812, *numéro* 561.)

(*c*) L'art. 6 de la loi du 27 ventôse an IX est ainsi conçu : « Les « dispositions de la loi du 22 frimaire, relatives aux administra- « tions civiles et aux tribunaux alors existants, sont applicables « aux fonctionnaires civils et aux tribunaux qui les remplacent. »

Art. 7 de la même loi : « Les actes et procès-verbaux de ventes de prises et de navires ou bris de navires, faits par les officiers de la marine, seront soumis à l'enregistrement dans les vingt jours de leur date, sous la peine portée aux art. 35 et 36 de la loi du 22 frimaire.—L'art. 37 leur est applicable pour le cas qui y est prévu.

Et l'art. 16 de la même loi assujettit au même délai les présentations et les défauts et congés faute de comparaître, défendre ou conclure.

L'art. 65 de la loi du 21 avril 1816 sur les douanes réduit exceptionnellement à *cinq jours* le délai pour l'enregistrement des prestations de serment des employés des douanes.

L'art. 78 de la loi du 15 mai 1818 est ainsi conçu :

« Demeurent assujettis au timbre et à l'enregistrement sur la mi- « nute, dans le délai de 20 jours, conformément aux lois exis- « tantes :

« 1° Les actes des autorités administratives et des établissements « publics portant transmission de propriété, d'usufruit et de jouis- « sance ; les adjudications ou marchés de toute nature, aux enchères, « au rabais ou sur soumission.

« 2° Les cautionnements relatifs à ces actes. »

Aᴛ. **XXI.** Les testaments déposés chez les notaires, ou

par eux reçus seront enregistrés dans les trois mois du décès des testateurs, à la diligence des héritiers, donataires, léga-taires ou exécuteurs testamentaires (*a*).

(*a*) « Le notaire qui présente à l'enregistrement un testament par « lui reçu n'est pas tenu de joindre l'acte de décès, sa déclaration « suffit, sauf à en vérifier l'exactitude. »(*Décision du ministre des finances du 16 novembre 1812.*)

Pour les testaments olographes non déposés, voir BUREAUX ET TESTAMENTS.

ART. XXII. Les actes qui, à l'avenir, seront faits sous signatures privées, et qui porteront transmission de propriété ou d'usufruit de biens immeubles, et les baux à ferme ou à loyer, sous-baux, cessions et subrogations de baux, et les engagements, aussi sous signatures privées, de biens de même nature, seront enregistrés dans les trois mois de leur date.

Pour ceux des actes de ces espèces qui seront passés en pays étranger, ou dans les îles ou colonies françaises où l'enregistrement n'aurait pas encore été établi, le délai sera de six mois, s'ils sont faits en Europe ; d'une année, si c'est en Amérique ; et de deux années, si c'est en Asie ou en Afrique (*a*).

(*a*) « Sont soumises aux dispositions des art. 22 et 38 de la loi « du 22 frimaire, les mutations entre-vifs de propriété ou d'usu-«fruit de biens immeubles, lors même que les nouveaux posses-«seurs prétendraient qu'il n'existe pas de conventions *écrites* entre «eux et les précédents propriétaires ou usufruitiers.

« A défaut d'actes, il sera suppléé par des déclarations détaillées et « estimatives, dans les trois mois de l'entrée en possession, à peine « d'un droit en sus. » (*Art. 4 de la loi du 27 ventôse an ix.*)

ART. XXIII. Il n'y a point de délai de rigueur pour l'enregistrement de tous autres actes que ceux mentionnés dans l'article précédent, qui seront faits sous signatures privées, ou passés en pays étranger, et dans les îles et colonies françaises où l'enregistrement n'aurait pas encore été établi; mais il ne pourra en être fait aucun usage, soit par acte public, soit en justice, ou devant toute autre autorité constituée, qu'ils n'aient été préalablement enregistrés.

ART. XXIV. Les délais pour l'enregistrement des déclarations que les héritiers, donataires ou légataires auront à passer des biens à eux échus ou transmis par décès, sont , savoir :

De six mois , à compter du jour du décès, lorsque celui dont on recueille la succession est décédé en France ;

De huit mois, s'il est décédé dans toute autre partie de l'Europe ;

D'une année, s'il est mort en Amérique ;

Et de deux années, si c'est en Afrique ou en Asie.

Le délai de six mois ne courra que du jour de la mise en possession , pour la succession d'un absent (*a*), celle d'un condamné si ses biens sont séquestrés ; celle qui aurait été séquestrée pour toute autre cause ; celle d'un défenseur de la patrie, s'il est mort en activité de service, hors de son département, ou enfin, celle qui serait recueillie par indivis avec la nation.

Si, avant les derniers six mois, des délais fixés pour les déclarations des successions de personnes décédées hors de France , les héritiers prennent possession des biens, il ne restera d'autre délai à courir, pour passer déclaration , que celui de six mois, à compter du jour de la prise de possession.

(*a*) « Les héritiers, légataires et tous autres appelés à exercer des « droits subordonnés au décès d'un individu dont l'absence est dé-« clarée, sont tenus de faire, dans les six mois du jour de l'envoi « en possession provisoire, la déclaration à laquelle ils seraient te-« nus s'ils étaient appelés par effet de la mort, et d'acquitter les « droits sur la valeur entière des biens ou droits qu'ils recueil-« lent.

« En cas de retour de l'absent, les droits payés seront restitués, « sous la seule déduction de celui auquel aura donné lieu la jouis-« sance des héritiers. » (*Art. 40 de la loi du 28 avril 1816.*)

ART. XXV. Dans les délais fixés par les articles précédents pour l'enregistrement des actes et des déclarations, le jour de la date de l'acte, ou celui de l'ouverture de la succession, ne sera point compté (*a*).

Si le dernier jour du délai se trouve être un décadi ou un jour de fête nationale , ou s'il tombe dans les jours complémentaires, ces jours-là ne seront point comptés en plus (*b*).

(*a*) Mais le jour de l'échéance doit être compté, de sorte qu'une succession ouverte le 15 janvier doit être déclarée au plus tard le 15 juillet suivant. (*Déc. min. fin. 6 déc. 1816 et 19 juillet 1824.*)

(*b*) Depuis le rétablissement du calendrier grégorien, le dimanche est le jour férié légal.

Le premier jour de l'an est jour férié légal. (*Avis du Conseil d'Etat, approuvé le 20 mars 1810.*)

Les autres jours fériés légaux sont l'Ascension, l'Assomption, la Toussaint et Nuël. (*Concordat de 1801. Inst. numéro 362, et du 6 juin 1809, numéro 433, paragraphe 7.*)

La fête du roi est jour férié, mais non légal.

Délégations de sommes............ 1 fr. p. 100.
    Voyez CONTRATS 3°.

Délégations de rente. (*Art. 69, cinquième paragraphe, numéro 2 de la loi du 22 frimaire an* VII. 2 fr. p. 100.)

Délégations. Voyez ACCEPTATIONS.

Délégations de rentes foncières créées avant la loi du 11 brumaire, an VII. — Voyez CESSIONS.

Demande. — Lorsque, après une *sommation extrajudiciaire* ou une *demande* (*a*) tendante à obtenir un paiement, une livraison ou l'exécution de toute autre convention, dout le titre n'aurait point été indiqué dans lesdits exploits ou qu'on aura simplement énoncé comme verbal, on produira au cours d'instance, des écrits, billets, marchés, factures acceptées, lettres ou tout autre titre émané du défendeur, qui n'auraient pas été enregistrés avant ladite demande ou sommation, le double droit sera dû et pourra être exigé ou perçu lors de l'enregistrement du jugement intervenu. (*Art. 57 de la loi du 28 avril* 1816.)..........
    Double droit du titre.

(*a*) Arrêt de la Cour de cassation, chambre des requêtes du 25 janvier 1825 qui a statué qu'on ne peut assimiler à une *demande* ou *sommation* la citation en conciliation.

Démissions de biens en ligne directe. — Voyez DONATIONS entre-vifs.

Délivrances de legs, pures et simples. (*Art. 68 premier paragraphe numéro 25 de la loi du 22 frimaire an* VII.)
    1 fr. fixe.

Départements. — Voyez ACQUISITIONS.

Dépôts d'actes et pièces chez les officiers publics. (*Numéro 10 de l'art. 43 de la loi du 28 avril 1816. 2 fr. fixe.*

Dépôts aux greffes des tribunaux. — Voyez ACTES 12° et JUGEMENTS.

Dépôts et consignations de sommes et effets mobiliers chez des officiers publics, lorsqu'ils n'opèrent pas la libération des déposants et les décharges qu'en donnent les déposants ou leurs héritiers, lorsque la remise des objets déposés leur est faite. (*Numéro 11 art. 43 de la loi du 28 avril 1816.*)
2 fr. fixe.

Dépôts de sommes chez des particuliers...   1 fr. p. 100. Voyez CONTRATS 3°.

Désaveux. — Voyez ACTES et JUGEMENTS.

Désistements purs et simples. (*Numéro 12 de l'art. 43 de la loi du 28 avril 1816.* .... 2 fr. fixe.

Devis d'ouvrages et entreprises qui ne contiennent aucune obligation de sommes et valeurs, ni quittance. (*Art. 68, premier paragraphe, numéro 1 de la loi du 22 frimaire an* VII) .... 1 fr. fixe.

Directions de créanciers. — Voyez UNIONS de créanciers.

Dissolutions de sociétés. —Voyez ACTES 1°. 5 fr. fixe.

Divorces. — Voyez ACTES 10°, 21°. ARRÊTS 7°.

Dommages-intérêts prononcés par les tribunaux criminels, correctionnels et de police (*a*). (*Numéro 8 du cinquième paragraphe de l'art. 69 de la loi du 22 frimaire an* VII) .... 2 fr. p. 100

(*a*) L'art. 11 de la loi du 27 nivôse an IX classe à ce numéro les dommages-intérêts en matière civile; *néanmoins ceux consentis volontairement en matière civile ne sont assujétis qu'à 1 pour 100*, s'ils ne sont pas payés de suite, et au droit de quittance seulement, s'ils sont payés au moment de la transaction.

Donataires. — Voyez SUCCESSIONS et le Manuel des héritiers.

1° **Donations** entre-vifs, en propriété ou usufruit de biens meubles, en ligne directe. (*Numéro 1 du quatrième para-*

graphe de l'art. **69** *de la loi du* **22** *frimaire an* VII.)
1 fr. 25 p. 100.

Il ne sera perçu que moitié droit, si elles sont faites par contrat de mariage aux futurs (a).

(a) L'art. 10 de la loi du 27 ventôse an XI a déclaré l'art. 69, quatrième paragraphe, n. 1, applicable aux démissions de biens en ligne directe.

Ces donations, etc., sont réduites à 25 c. par 100 fr., suivant l'art. 3 de la loi du 16 juin 1824, mais *seulement* en ce qui concerne les donations avec partage, conformément aux art. 1075 et 1076 du Code civil.

2o **Donations** entre-vifs et mutations par décès, soit par succession, soit par testaments ou autres actes de libéralité, à cause de mort, en propriété ou usufruit *de biens meubles,* par des collatéraux et autres personnes non parentes, savoir :

Entre frères et sœurs, oncles et tantes, neveux et nièces :

Hors contrat de mariage............ 3 fr. p. 100.
Par contrat de mariage........... 2 fr. p. 100.

Entre grands-oncles, grand'tantes, petits-neveux, petites-nièces, cousins-germains :

Hors contrat de mariage............ 4 f. p. 100.
Par contrat de mariage...... 2 fr. 50 c. p. 100.

Entre parents, au-delà du quatrième degré et jusqu'au douzième :

Hors contrat de mariage............ 5 fr. p. 100.
Par contrat de mariage........... 3 fr. p. 100.

Entre personnes non parentes :

Hors contrat de mariage............ 6 fr. p. 100.
Par contrat de mariage. (Art. 33 *de la loi du* 21 *avril* 1832).................. 4 fr. p. 100.

En maintenant à des quotités inférieures les droits sur les donations entre-vifs par contrat de mariage, la loi du 21 avril 1832 s'est néanmoins écartée des règles tracées par les lois des 22 frimaire an VII et 28 avril 1816 qui avaient décidé que, pour ces sortes de donations, il ne serait toujours dû que moitié droit.

3o **Donations** entre-vifs et mutations qui s'effectuent par décès, soit par succession, soit par testaments ou autres actes de libéralité à cause de mort, de propriété ou d'usufruit de biens meubles et immeubles, entre époux, seront perçus selon les quotités ci-après :

Sur les meubles (*Troisième alinéa de l'art. 53 de la loi du 28 avril 1816*)........... 1 fr. 50 c. p. 100 ;

Sur les immeubles (*Septième alinéa de l'art. 53 de la loi du 28 avril 1816*).................. 3 p. 100.

Plus le droit de transcription pour *les donations* (*Art. 54 de la loi du 28 avril 1816*)..... 1 fr. 50 c. p. 100.

Dans ce dernier cas, toutes les fois que les actes seront de nature à être transcrits.

Lorsque l'époux survivant est appelé à la succession à défaut de parents au degré successible, il sera considéré, quant à la quotité des droits, comme personne non parente. (*Dixième alinéa de l'art. 53 de la loi du 28 avril 1816.*)

4° Donations entre-vifs en propriété ou usufruit de biens immeubles en ligne directe.. 2 fr. 50 c. }
Droit de transcription..... 1 fr. 50 c. } .. 4 fr. p. 100.

(*Numéro 2 du sixième paragraphe de l'art. 69 de la loi du 22 frimaire an VII, et art. 54 de la loi du 28 avril 1816.*)

Il ne sera perçu que moitié du droit de donation, si elles sont faites par contrat de mariage aux futurs.

L'art. 10 de la loi du 27 ventose an XI déclare l'art. 69, sixième paragraphe, numéro 2, applicable aux démissions en ligne directe.

Ces droits sont réduits à 1 p. 100 en ce qui concerne les donations immobilières avec partage, conformément aux articles 1075 et 1076 du code civil. (Art. 3 de la loi du 16 juin 1824, qui porte en outre que le droit de transcription, 1 et demi pour 100, ne sera perçu sur ces sortes d'actes que lorsque la transcription en sera requise au bureau des hypothèques.)

5° Donations entre-vifs de biens immeubles en propriété ou usufruit par des collatéraux et autres personnes non parentes, savoir :

Entre frères et sœurs, oncles et tantes, neveux et nièces :

Hors contrat de mariage......... 6 fr. 50 c. p. 100.

Par contrat de mariage ...... 4 fr. 50 c. p. 100.

Entre grands-oncles, grand'tantes, petits-neveux et petites-nièces, cousins germains :

    Hors contrat de mariage........ 7 fr. 50 c. p. 100.
    Par contrat de mariage............ 5 fr. p. 100.

Entre parents au-delà du quatrième degré, et jusqu'au
douzième :

    Hors contrat de mariage............ 8 fr. p. 100.
    Par contrat de mariage...... 5 fr. 50 c. p 100.

Entre personnes *parentes non successibles*, ou étrangers
à la famille.

    Hors contrat de mariage........... 9 fr. p. 100.
    Par contrat de mariage.......... 6 fr. p. 100.

La transcription aux hypothèques des donations immobilières en ligne directe ne contenant pas partage entre
époux en lignes collatérales et autres personnes, non parentes, ne donne plus lieu au droit proportionnel, le droit devant être perçu sur les actes. (*Art. 54 de la loi du 28 avril
1816.*)

6º **Donations** passées en l'absence du donataire, et non
acceptées par lui. (*Nomb. 29 de l'inst. gén. n.* 290.)
                           1 fr. fixe.

7º **Donations** aux départements, arrondissements, communes, hospices, séminaires, fabriques, congrégations religieuses, consistoires et généralement tous établissements publics, légalement autorisés.

    *Les mêmes droits qu'entre toutes autres personnes non
parentes.*

Voyez Acquisitions.

8º **Donations** éventuelles. Celles dont l'effet est subordonné
à un événement ou à une condition .... 5 fr. fixe.

Voyez Contrats de mariage et Testaments.

Doubles droits. — Voyez Amendes.

Doubles libérations. — Voyez Quittances.

Droits de timbre. — Voyez Timbre.

Droits d'enregistrement. — Voyez Bureaux, Délais et
Payements.

Droits de greffes. — Voyez Greffes.

Droits d'hypothèques. — Voyez Hypothèque, et le *Dictionnaire général des Hypothèques.*

E.

Échanges de biens immeubles....1 fr.) 2 fr. 50 c.
Et pour transcription......1 fr. 50 c.)   p. 100.

Le droit sera perçu sur la valeur d'une des parts lorsqu'il n'y aura aucun retour. S'il y a retour, le droit sera payé à raison de un franc par cent francs, sur la moindre portion, outre le droit de transcription, et comme pour vente sur le retour ou la plus-value (a). (*Art. 2 de la loi du 16 juin 1824*).

(a) L'art. 2 de la loi du 16 juin 1824 portait que les échanges d'immeubles ruraux ne paieraient que 1 fr. fixe pour tous droits d'enregistrement et de transcription, lorsque l'un des immeubles échangés serait contigu aux propriétés de celui des échangistes qui le recevait; mais l'art. 16 de la *loi du 24 mai 1834 a* ABROGÉ *entièrement ce premier alinéa* ainsi qu'il suit :

« La disposition de l'art. 2 de la loi du 16 juin 1824, qui réduit à 1 fr. fixe le droit d'enregistrement des échanges dans lesquels l'une des parties reçoit des biens qui lui sont contigus, est et demeure abrogée.

« Ces échanges jouiront toutefois de la modération du droit introduit pour les échanges en général, dans la seconde disposition du même article. »

Cette seconde disposition porte :

« A l'égard de tous les autres échanges de biens immeubles, quelle que soit leur nature, le droit de 2 pour 100, fixé par l'art. 69 de la loi du 12 décembre 1798 (22 frimaire an VII), est réduit à 1 pour 100; il sera perçu, comme par le passé, sur la valeur d'une des parts seulement; et celui de 1 1/2 pour 100, fixé par l'art. 54 de la loi du 28 avril 1815, n'aura lieu également que sur la valeur d'une des parts.

« Dans tous les cas, le droit réglé par l'art. 52 de la même loi continuera d'être perçu sur le montant de la soulte ou de la plus-value, 5 1/2 pour 100.

Échanges d'objets mobiliers. Sur la plus forte des deux parts. (*Décisions administratives des 1ᵉʳ juin, 3 septembre, et 5 novembre 1811.*)......... 2 fr. pour 100.
V. Adjudications et Ventes de meubles.

Échanges. — V. Acquisitions et Adjudications.

Effets négociables de particuliers ou de compagnies.
50 cent. pour 100.

V. Billets et Lettres de change.

Effets de la dette publique. — V. Inscriptions.

Électeurs, élections. — V. Exploits, 5°.

Élections ou déclarations de commands ou d'amis, sur adjudication ou contrat de vente de biens meubles, lorsque l'élection est faite après les vingt-quatre heures ou sans que la faculté d'élire un command ait été réservée dans l'acte d'adjudication ou le contrat de vente. (*Numéro 4 du cinquième paragraphe de l'art. 69 de la loi du 22 frimaire an* VII.)
2 fr. pour 100.

Pour immeubles.............. 5 fr. 50 pour 100.
V. Déclarations.

Émancipations. — V. Actes 2°.

Émigrés. — V. Successions.

Enchères, autres que celles en justice, sur des objets mis ou à mettre en adjudication, en vente, ou sur des marchés à passer, lorsqu'elles sont faites par acte séparé de l'adjudication.
1 fr. fixe.

V. Soumissions.
Pour celles faites en justice, V. Jugements.

Endossements et acquits de lettres de change, billets à ordre et autres effets négociables; et les endossements de rescriptions, mandats et ordonnances de paiement sur les caisses publiques................ Exempts d'enregistrement.
Les endosseurs d'effets négociables non timbrés doivent, depuis la loi du 24 mai 1834, art. 15, 16, 17 et 18, et pour billets souscrits, à dater du 1er janvier 1835, être considérés comme solidaires avec les tireurs ou souscripteurs, pour le paiement des amendes encourues.
V. Lettres de change et timbre.

Engagements de biens immeubles (*a*). (*Numéro 5 du cinquième paragraphe de l'art. 69 de la loi du 22 frimaire an* VII.)................ 2 fr. pour 100.

(*a*) Ou antichrèse. L'acte par lequel un individu emprunte une somme et livre à celui qui la lui prête un immeuble à titre d'antichrèse n'est sujet qu'au droit de 2 pour 100. (*Arrêt de la Cour de Cassation du 4 novembre 1817.*)

La vente d'un immeuble, faite à titre d'antichrèse, est une vente avec faculté de réméré. (*Arrêt de la Cour de Cassation du 4 mars 1807.*)

Néanmoins l'antichrèse ne donne lieu qu'au droit de 2 pour 100 lors même que l'acte qui le renferme contiendrait aussi la *vente éventuelle* de l'immeuble qui en est l'objet, si la créance du preneur n'était pas payée; l'art. 2088 du Code civil étant un obstacle à ce que l'on induise une mutation d'un tel acte. (*Arrêt de la Cour de Cassation du 17 janvier 1816.*)

Engagements, enrôlements, congés, certificats, cartouches, passe-ports, quittances de prêt et fourniture, billets d'étape, de subsistance et de logement, tant pour le service de terre et le service de mer, et tous autres actes de l'une et l'autre administration . . . . Exempts d'enregistrement.

Sont aussi exemptés de la formalité de l'enregistrement les rôles d'équipages et les engagements de matelots et gens de mer de la marine marchande et des armements en course (*a*). (*Numéro 13 du troisième paragraphe de l'art. 70 de la loi du 22 frimaire an VII.*).

(*a*) Les actes de notoriété et certificats délivrés par les notaires ou les juges de paix aux veuves et orphelins militaires, pour obtenir des secours ou pensions, ou pour constater leur indigence. (*Inst. gén. du 6 mars 1824 n. 1124.*) Exempts d'enregistrement.

Les procurations des sous-officiers et soldats en retraite ou en réforme, pour toucher leurs pensions. (*Art 1ᵉʳ du décret du 21 décembre 1808*) . . . . Exempts d'enregistrement.

Enquêtes. — V. JUGEMENTS.

Enrôlements militaires. — V. ENGAGEMENTS.

Entérinements de procès-verbaux et rapports. — V. JUGEMENTS et ORDONNANCES.

Envois en possession. — V. ABSENCES et JUGEMENTS.

Estimations. — V. EXPERTISES et VALEURS.

État civil. — V. ACTES 4o.

États de dettes qui doivent être annexés aux donations de biens présents et à venir; et les états d'*effets mobiliers* à annexer aux donations entre-vifs . . . . 1 fr. fixe. V. ACTES INNOMMÉS.

États de répartition. — V. QUITTANCES.

États d'effets mobiliers à joindre aux déclarations de successions . . . . Exempts d'enregistrement.

États à joindre aux déclarations des tiers-saisis. (*Décisions du ministre des finances, du 6 août 1823. Instr. génér. numéro 1097.*)...................... 1 fr. fixe.

Exécutions de jugements. — V. Jugements et Ordonnances.

Exécutoires de dépens. (*Décision des 16 et 28 février 1809. — Nombre 4 de l'instr. génér. numéro 429.*) 50 cent. pour 100 fr.

Si, à raison du montant des dépens, ce droit est supérieur au droit fixe d'un franc.

Si le droit proportionnel de 50 centimes pour cent n'atteint pas un franc, l'exécutoire est sujet au droit fixe d'un franc.

Expéditions. Il n'est dû aucun droit pour les extraits, copies ou expéditions des actes qui ont été enregistrés sur les minutes ou originaux. (*Art. 8 de la loi du 22 frimaire an VII.*)................ Exempts d'enregistrement.

Expéditions des ordonnances et procès-verbaux des officiers publics de l'état civil, contenant indication du jour ou prorogation de délai pour la tenue des assemblées préliminaires au mariage ou à divorce. (*Numéro 8 du deuxième paragraphe de l'art. 68 de la loi du 22 frimaire an VII.*) 2 fr. fixe.

Expertises. — Les articles 17, 18 et 19 de la loi du 22 frimaire an VII portent :

Art. XVII. Si le prix énoncé dans un acte translatif de propriété ou d'usufruit de biens immeubles, à titre onéreux, paraît inférieur à leur valeur vénale à l'époque de l'aliénation, par comparaison avec les fonds voisins de même nature, la régie pourra requérir une expertise, pourvu qu'elle en fasse la demande dans l'année, à compter du jour de l'enregistrement du contrat (*a*).

(*a*) Cette disposition est applicable lorsqu'il s'agit de constater une insuffisance d'évaluation du revenu, dans un acte d'échange, lors même qu'il existerait un bail courant. (*Arrêt de cassation, du 25 décembre 1820 ; décis. du cons. d'adminis. du 21 juin 1823.*)

Art. XVIII. La demande en expertise sera faite au tribunal civil du département, dans l'étendue duquel les biens sont situés, par une pétition portant nomination de l'expert de la nation (a).

L'expertise sera ordonnée dans la décade de la demande.

En cas de refus par la partie de nommer son expert sur la sommation qui lui aura été faite d'y satisfaire dans les trois jours, il lui en sera nommé un d'office par le tribunal.

Les experts, en cas de partage, appelleront un tiers-expert : s'ils ne peuvent en convenir, le juge de paix du canton de la situation des biens y pourvoira.

Le procès-verbal d'expertise sera rapporté, au plus tard, dans le mois qui suivra la remise qui aura été faite aux experts de l'ordonnance du tribunal, ou dans le mois, après l'appel d'un tiers-expert.

Les frais de l'expertise seront à la charge de l'acquéreur, mais seulement lorsque l'estimation excédera d'un huitième au moins le prix énoncé au contrat.

L'acquéreur sera tenu, dans tous les cas, d'acquitter le droit sur le supplément d'estimation, s'il y a une plus-value constatée par le rapport des experts (b).

(a) Lorsque les biens seront situés dans plusieurs arrondissements, c'est au tribunal dans le ressort duquel se trouve assis le chef-lieu de l'exploitation, le corps principal, ou, à défaut, la partie des biens qui présente le plus grand revenu, d'après la matrice du rôle, que la demande en expertise doit être portée. Ce même tribunal ordonnera l'expertise partout où elle sera jugée nécessaire, à la charge néanmoins de nommer pour experts des individus domiciliés dans le ressort des tribunaux de la situation des biens.

Les experts seront renvoyés, pour la prestation du serment, devant le juge de paix du canton où les biens sont situés. (*Art.* 1er *de la loi du* 15 *novembre* 1808.)

(b) Dans tous les cas où les frais de l'expertise, autorisée par les art. 17 et 19 de la loi du 22 frim., tomberont à la charge du redevable, il y aura lieu au double droit d'enregistrement sur le supplément de l'estimation. (*Art.* 5 *de la loi du* 27 *ventôse au* XI.)

ART. XIX. Il y aura également lieu à requérir l'expertise des revenus des immeubles transmis en propriété ou usufruit à tout autre titre qu'à titre onéreux, lorsque l'insuffisance dans l'évaluation ne pourra être établie par actes qui puissent faire connaître le véritable revenu des biens (a).

(a) Voir les notes de l'art. précédent.

1° **Exploits** et autres actes du ministère des huissiers qui ne peuvent donner lieu au droit proportionnel. (*Numéro* 13 *de l'art.* 43 *de la loi du* 28 *avril* 1816.)..... 2 fr. fixe.

Sont exceptés les exploits relatifs aux procédures devant les juges de paix, les prud'hommes, les Cours royales, la Cour de cassation et les Conseils de Sa Majesté, jusques et y compris les significations des jugements et arrêts définitifs ; les déclarations d'appel ou de recours en cassation ; les significations d'avoué à avoué et les exploits ayant pour objet le recouvrement des contributions directes ou indirectes, publiques ou locales.

2° **Exploits** et autres actes du ministère des huissiers, relatifs aux procédures devant les Cours royales, jusques et compris la signification des arrêts définitifs. (*Numéro* 7 *de l'art.* 44 *de la loi du* 28 *avril* 1816.)...... 3 fr. fixe.

Sont exceptées les déclarations d'appel et les significations d'avoué à avoué.

3° **Exploits** et autres actes du ministère des huissiers, relatifs aux procédures devant la Cour de cassation et les Conseils de Sa Majesté, jusques et compris les significations des arrêts définitifs : *le premier acte de recours est excepté.* (*Numéro* 1 *de l'art.* 45 *de la loi du* 28 *avril* 1816.)

5 fr. fixe.

4.° **Exploits**. Les significations, celles des cédules des juges de paix (*a*), les commandements, demandes, notifications, citations, offres ne faisant pas titre au créancier et non acceptées, oppositions, sommations, procès-verbaux, assignations, protêts, interventions à protêt, protestations, publications et affiches, saisies, saisies-arrêts, séquestre, mainlevées, et généralement tous actes extrajudiciaires des huissiers ou de leur ministère, qui ne peuvent donner lieu au droit proportionnel, sauf les exceptions mentionnées ci-dessus (*b*)........................... 1 fr. fixe.

Et aussi les exploits, significations, et tous autres actes extrajudiciaires faits pour le recouvrement des contributions directes et indirectes, et de toutes autres sommes dues à la nation, même des contributions locales, mais seulement lorsque la somme principale excède 25 francs (*c*).. 1 fr. fixe.

*Il sera dû un droit pour chaque demandeur ou défen-
deur, en quelque nombre qu'ils soient, dans le même acte,
excepté les copropriétaires et cohéritiers, les parents
réunis, les co-intéressés, les débiteurs ou créanciers, associés ou solidaires, les séquestres, les experts et les
témoins, qui ne seront comptés que pour une seule et
même personne, soit en demandant, soit en défendant,
dans le même original d'acte, lorsque leurs qualités y
seront exprimées (d). (Numéro 30 du premier paragraphe de l'art. 68 de la loi du 22 frimaire an VII.)*

(*a*) La loi du 18 thermidor an 7 exempte de la formalité de
l'enregistrement les cédules délivrées par les juges de paix pour citer devant eux, sauf le droit sur la signification des cédules.

L'art. 41, numéro 2, de la loi du 28 avril 1816, assujétit au
droit fixe de 50 centimes les exploits relatifs aux procédures devant les prud'hommes.

L'art 121 de la loi du 28 mars 1831, sur la garde nationale,
dispose que les exploits d'assignation et autres significations concernant la garde nationale, seront enregistrés gratis.

(*b*) *Suivant le numéro 13 de l'art. 43 de loi du 28 avril 1816,
sont portés à 2 fr. fixe :*

Les exploits et autres actes du ministère des huissiers, qui ne
peuvent donner lieu au droit proportionnel ;

En exceptant les exploits relatifs aux procédures devant les juges de paix restés à un fr., jusques et y compris les significations
de jugemens définitifs.

Ceux devant les Cours royales, portés à 3 fr. par le numéro
7 de l'art. 44 de la même loi ;

Enfin ceux devant la Cour de cassation et les Conseils de Sa
Majesté, portés à 5 fr.

Le tout jusques et y compris les significations des arrêts définitifs, excepté les significations d'appel et *premier acte de recours*,
tarifé numéro 3, quatrième et cinquième paragraphes et numéro 5
du sixième paragraphe de la loi du 22 frimaire an VII.

(*c*) L'art. 6 de la loi du 16 juin 1824 prescrit l'enregistrement
gratis lorsque la somme ne s'élève pas à 100 francs.

Une décision ministérielle du 27 mars 1822 exempte d'enregistrement les actes de poursuites en matière de contributions, lorsque le redevable se libère avant l'expiration des quatre jours for-
mant le délai fixé pour l'enregistrement.

(*d*) L'art. 13 de la loi du 27 ventôse an 9 porte que cette
dernière disposition du numéro 30 est applicable aux actes d'appel.

L'art. 23 de la loi du 24 mai 1834 assujettit au même droit d'enregistrement, tant les actes de protêt faits par les notaires que ceux faits par les huissiers.

5° **Exploits**, commandements, significations, sommations, établissements de garnisaires, saisies, saisies-arrêts, et autres actes, tant en action qu'en défense, ayant pour objet le recouvrement des contributions directes ou indirectes, de toutes autres sommes dues à l'état, à quelque titre et pour quelque objet que ce soit, même des contributions locales, lorsqu'il s'agira de cotes de 25 francs et au-dessous, ou de droits et de créances non excédant en total la somme de 25 francs (a) (*numéro 2 du second paragraphe de l'art. 70 de la loi du 22 frimaire an* VII.).......... Gratis.

(a) Par l'art. 6 de la loi du 16 juin 1824, la somme jusqu'à laquelle l'acte de poursuite doit être enregistré gratis a été portée à 100 fr.

Les actes judiciaires en *matière de liste électorale (Loi du 2 juillet 1828)*...................................... gratis.

Les actes de poursuites, jugemens et arrêts concernant la garde nationale. (*Art. 121 de la loi du 22 mars 1831 sur la garde nationale.*)....................................... gratis.

Actes et jugemens relatifs à la navigation du Rhin (*Art. 11 de la loi du 21 avril 1832.*)........................... gratis.

Actes et jugemens des prud'hommes, toutes les fois qu'ils constateront que l'objet de la contestation n'excède pas en total la somme de 25 fr. (*Décis. minis. du 20 juin 1809, rappelée dans l'inst. gén. numéro 437.*)................................. gratis.

Formalités prescrites par les art. 131 et 132 du Code forestier... gratis.

Procès-verbaux de contraventions et certificats pour dépôts de dessins, par les prud'hommes, en exécution des art. 10, 12 et 16 de la loi du 18 mars 1806, dans les 20 jours de leur date, gratis.

Recours contre les arrêtés des conseils de préfecture en matière de contributions personnelles et mobilières, ou des portes et fenêtres. (*Art. 30 de la loi du 21 avril 1832 sur les finances. Inst. gén. du 30 avril 1832, numéro 1399.*)................... gratis.

Exploits. — V. ACTES 13°, 18°, 19°, et 28°.

Expropriations pour cause d'utilité publique. *Tous les actes* faits en vertu d'expropriation pour cause d'utilité publique, tels que plans, procès-verbaux, ventes, certificats, significations, jugements, contrats, quittances, etc. (*Art. 58 de la loi du 3 mai* 1841.)................ Gratis.

Les concessionnaires des travaux publics exerceront les mêmes droits que ceux conférés à l'administration. (Art. 63 de la loi du 3 mai 1841.)

Extraits d'actes. — V. Expéditions.

Extraits des rôles de contributions. — V. ORDONNANCES.

Extraits des actes de naissance, mariage ou décès. — V. ACTES de naissance.

F.

Fabriques. — V. ACQUISITIONS.

Factures signées seulement du marchand ou négociant qui a livré ou expédié les marchandises y détaillées.   1 fr. fixe. V. ACTES innommés.

Faillis. — V. ATTERMOIEMENTS, INVENTAIRES et QUITTANCES.

Faillite (déclarations de). — V. ACTES, JUGEMENTS et LETTRES de change.

Folle-enchère. — V. ADJUDICATIONS 1°, et JUGEMENTS.

Formalités prescrites par les árt. 131 et 132 du Code forestier. . . . . Gratis.

Fractions. La perception du droit proportionnel suivra les sommes et valeurs, de vingt en vingt francs, inclusivement et sans fractions. (*Art. 2 de la loi du 27 ventose an IX.*)
   Il ne pourra être perçu moins de 25 centimes, en principal, pour l'enregistrement des actes et mutations dont les sommes et valeurs ne produiraient pas 25 centimes de droit proportionnel. (*Art. 3 de la loi du 27 ventôse an IX.*)

G.

Gratis. — V. ACQUISITIONS, ECHANGES, EXPLOITS 4°, 5°, et LETTRES PATENTES.

Greffe (droits de).

TABLEAUX DES DROITS DE GREFFE.

TRIBUNAUX ORDINAIRES.

Ier.

Lois des 21 ventôse an VII, art. 9, et 23 juillet 1820, art. 2.

Rôles à 1 fr. (a) réduits à 70 c.

Les expéditions des jugemens interlocutoires, préparatoires et d'instruction, des enquêtes, interrogatoires, rapports d'experts, délibérations, avis de parens, dépôt de bilan, pièces, registres, des actes d'exclusion ou option, des tribunaux d'appel, déclarations, acceptations, renonciations, tous actes non spécifiés art. 7 et 8, et tous jugemens de commerce.
Extraits d'ordre, bordereaux, mandemens de collocation.

Nombre.	Au Trésor.	10e du Trésor.	Retenues du greffier.	10e sur la retenue du greffier.	Total au Trésor.	Total général.
1	» 70	» 07	» 30	» 03	» 80	1 10
2	1 40	» 14	» 60	» 06	1 60	2 20
3	2 10	» 21	» 90	» 09	2 40	3 30
4	2 80	» 28	1 20	» 12	3 20	4 40
5	3 50	» 35	1 50	» 15	4 »	5 50
6	4 20	» 42	1 80	» 18	4 80	6 60
7	4 90	» 49	2 10	» 21	5 60	7 70
8	5 60	» 56	2 40	» 24	6 40	8 80
9	6 30	» 63	2 70	» 27	7 20	9 90
10	7 »	» 70	3 »	» 30	8 »	11 »
11	7 70	» 77	3 30	» 33	8 80	12 10
12	8 40	» 84	3 60	» 36	9 60	13 20
13	9 10	» 91	3 90	» 39	10 40	14 30
14	9 80	» 98	4 20	» 42	11 20	15 40
15	10 50	1 05	4 50	» 45	12 »	16 50
16	11 20	1 12	4 80	» 48	12 80	17 60
17	11 90	1 19	5 10	» 51	13 60	18 70
18	12 60	1 26	5 40	» 54	14 40	19 80
19	13 30	1 33	5 70	» 57	15 20	20 90
20	14 »	1 40	6 »	» 60	16 »	22 »

Loi du 21 ventôse an VII, article 8.

Rôles à 1 fr. 25 c. réduits à 95 c.

Les expéditions des jugemens définitifs rendus par les tribunaux civils par défaut ou contradictoirement, en dernier ressort ou sujets à l'appel, celles des décisions arbitrales, ventes et baux judiciaires dans le même cas.

Nombre.	Au Trésor.	10e du Trésor.	Droits du greffier.	10e sur les droits du greffier.	Total du Trésor.	Total général.
1	» 95	» 10	» 30	» 03	1 08	1 38
2	1 90	» 19	» 60	» 06	2 15	2 75
3	2 85	» 29	» 90	» 09	3 23	4 13
4	3 80	» 38	1 20	» 12	4 30	5 50
5	4 75	» 48	1 50	» 15	5 38	6 88
6	5 70	» 57	1 80	» 18	6 45	8 25
7	6 65	» 67	2 10	» 21	7 53	9 63
8	7 60	» 76	2 40	» 24	8 60	11 »
9	8 55	» 86	2 70	» 27	9 68	12 38
10	9 50	» 95	3 »	» 30	10 75	13 75
11	10 45	1 05	3 30	» 33	11 83	15 13
12	11 40	1 14	3 60	» 36	12 90	16 50
13	12 35	1 24	3 90	» 39	13 98	17 88
14	13 30	1 33	4 20	» 42	15 05	19 25
15	14 25	1 43	4 50	» 45	16 13	20 63
16	15 20	1 52	4 80	» 48	17 20	22 »
17	16 15	1 62	5 10	» 51	18 28	23 38
18	17 10	1 71	5 40	» 54	19 35	24 75
19	18 05	1 81	5 70	» 57	20 43	26 12
20	19 »	1 90	6 »	» 60	21 50	27 50

(a) Pour le droit de 2 fr. par rôle pour les expéditions des jugemens définitifs *sur appel* des tribunaux civils et de commerce, aux termes de l'art. 7 de la loi du 21 ventôse an VII, *on doublera les sommes mises au tableau d'un franc.*
Pour le droit de 3 fr., on triplera.

L'art. 3 de la loi du 21 ventôse an VII fixe les droits de mise au rôle à 5 fr. sur appel des tribunaux civils et de commerce;

A 3 fr. pour les causes de première instance, ou sur appel des juges de paix;

A 1 fr. 50 pour les causes sommaires et provisoires, et tribunaux de commerce.

Les expéditions contiendront vingt lignes à la page, et huit à dix syllabes à la ligne compensation faite des unes avec les autres. (Art. 6 de la loi du 21 ventôse an VII.)

IIe ET DERNIER.

RÉDACTION ET TRANSCRIPTION.	Principal.	Droits du greffier.	Reste au Trésor.
Actes dénommés articles 5 de la loi du 21 ventôse an VII et 1 du décret du 12 juillet 1808, qui sont : renonciations, acceptations, dépôts, voyages et tous actes de greffe autres que ceux ci-après nommés, etc.	1 25	» 12 1/2	1 12 1/2
En outre pour les enquêtes, chaque déposition de témoin (21 ventôse an VII).	» 50	» 05	» 45
Plus rédaction, 1 fr. 25 c. et enregistrement, 3 fr.			
Transcription de saisies immobilières, dépôt ou annexe de l'état des inscriptions...	3 »	» 30	2 70
Dépôts, titres de créances, surenchères, ordres, radiations de saisies..............	1 50	» 15	1 35
Adjudications sur les 5 premiers 1000 fr. pour cent *proportionnel*................	» 50	» 05	» 45
Sur l'excédant, 25 c. pour cent (décret du 12 juillet 1808) *proportionnel*.........	» 25	» 2 1/2	» 22 1/2
Bordereaux ou mandements 25 c. par 100 francs *proportionnels*..............	» 25	» 2 1/2	» 22 1/2
La perception ne peut jamais être au-dessous de 1 fr. 25 c., toujours en principal......	*Mémoire.*		

Greffiers. — V. ACTES, AMENDES, ARRÊTS, DROITS DE GREFFE, JUGEMENTS ET ORDONNANCES.

Grosses. — V. EXPÉDITIONS.

Grosse-aventure. — V. ABANDONNEMENTS.

H.

Héritiers. — V. SUCCESSIONS, et le Manuel des héritiers.

Homologations. — V. Actes, Jugements et Ordonnances.

Hospices. — V. Acquisitions.

Huissiers. — V. Adjudications 4º, Exploits et Ordonnances 5º.

Hypothèques.

Droit *d'inscription* des créances hypothécaires, sans distinction des créances antérieures ou postérieures à la loi du 11 brumaire an VII. (*Art.* 60 *de la loi du* 28 *avril* 1816.)

           10 cent. pour 100 fr.
           ou 1 fr. pour mille.

La perception de ces droits suivra les sommes et valeurs de 20 fr en 20 fr. inclusivement et sans fractions.

S'il y a lieu à inscription d'une même créance dans plusieurs bureaux, le droit sera acquitté en totalité dans le premier bureau ; il ne sera payé, pour chacune des autres inscriptions, que le simple salaire du préposé, sur la représentation de la quittance constatant le paiement entier du droit, lors de la première inscription.

En conséquence, le préposé dans le premier bureau sera tenu de délivrer à celui qui paiera le droit, indépendamment de la quittance au pied du bordereau d'inscription, autant de *duplicata* de ladite quittance qu'il en sera demandé. (*Art.* 22 *de la loi du* 21 *ventôse an* VII.)

Droit sur la *transcription* des actes emportant mutation de propriétés immobilières. (*Art.* 25 *de la loi du* 21 *ventose an* VII)..................... 1 fr. 50 cent. pour 100.

Si le même acte donne lieu à transcription dans plusieurs bureaux, le droit sera acquitté ainsi qu'il est dit ci-dessus pour les inscriptions.

Les actes de transmission d'immeubles et droits immobiliers, *susceptibles de transcription*, ne seront assujétis à cette formalité que pour un droit fixe d'un franc, outre le droit du conservateur, lorsque les droits en auront été acquittés de la manière prescrite par les articles 52 et 54 de ladite loi. (*Art.* 61 *de la loi du* 28 *avril* 1816). 1 fr. fixe.

Toutes les fois qu'un acte sera présenté à la transcription, les conservateurs s'assureront, au vu de la relation de l'enregistrement apposée sur l'acte, si cette perception a eu lieu.

Dans le cas de la négative, ils exigeront le droit proportionnel.

V. ADJUDICATIONS et JUGÉMENTS.

Le droit de *transcription* sur les donations entre-vifs portant partage, faites conformément aux art. 1075 et 1076
du Code civil, par les père et mère ou autres ascendants,
entre leurs enfants et descendants, n'est exigible que lorsque
la formalité de la transcription est requise. (*Art. 3 de la
loi du* 16 juin 1824.)........... 1 fr. 50 c. pour 100.

Le droit de *transcription* n'est pas seulement dû sur les
actes contenant mutation de droits immobiliers, mais *sur
tous les actes de nature à être transcrits.* (*Art.* 54 *de la
loi du* 28 avril 1816.)

V. DONATIONS, et le Dictionnaire général des hypothèques.

I.

Iles et colonies. — V. ACTES passés en pays étranger ou dans
les colonies françaises, et LETTRES de change.

Indemnités. — V. CAUTIONNEMENTS et PROMESSES
d'indemnités.

Indications de paiement. — V. ACCEPTATIONS.

Injonctions. — V. ACTES, JUGEMENTS et ORDON-
NANCES.

Inscriptions de faux. — V. ACTES, JUGEMENTS et OR-
DONNANCES.

Inscriptions sur le grand-livre de la dette publique, leurs
transferts et mutations. Les quittances des intérêts qui en
sont payés, et tous les effets de la dette publique inscrits ou
à inscrire définitivement. (*Numéro* 3 *du troisième paragraphe de l'art.* 70 *de la loi du* 22 *frimaire an* VII.)
Exempts d'enregistrement.

Confirmé par la loi du 4 thermidor an VIII.

*Tout ce qui est relatif au transfert des inscriptions doit
participer de l'exemption* prononcée par ce numéro ; ainsi,
lorsque les arrérages échus jusqu'au jour du décès ne forment

pas un semestre, ils font nécessairement partie du transfert qui est exempt de droits.

Les donations de rentes sur l'Etat sont exemptes de droits lorsque l'inscription de la rente existe sous le nom du donateur ou de celui auquel il a succédé depuis plus d'un an, et que le numéro, la date et le montant de la rente sont expressément indiqués dans l'acte de donation aux termes de l'art. 6 de la loi du 18 juillet 1836.

Les obligations et quittances résultant de transferts de rentes sur l'Etat doivent être regardées comme dispositions principales et comme telles assujéties aux droits proportionnels : il n'existe d'exceptions à ces règles que l'art. 18 de la loi du 27 avril 1825, qui autorise les anciens propriétaires de biens confisqués à se libérer envers leurs créanciers *antérieurs à leur confiscation*, en transférant une partie de leur indemnité.

L'art. 10 de la loi du 22 floréal an VII *exempte d'enregistrement les certificats de vie pour les rentes et pensions* délivrées sans frais par les municipalités.

Et le décret du 21 août 1806, art. 10, porte que les *certificats de vie nécessaires pour le paiement des rentes et pensions sur l'état* seront délivrés par les notaires certificateurs, et *exempts de tout droit d'enregistrement*.

Insuffisances d'estimation. — V. EXPERTISES.

Interdictions. — V. ARRÊTS 4º, JUGEMENTS et ORDONNANCES,

Interrogatoires. — V. ACTES, JUGEMENTS et ORDONNANCES.

Interventions à protêts. — V. EXPLOITS.

Inventaires de meubles, objets mobiliers, titres et papiers (*a*). (*Numéro* 1 *du deuxième paragraphe de l'art.* 68 *de la loi du* 22 *frimaire an* VII.) . . . . 2 fr. fixe.
Il est dû un droit pour chaque vacation (*b*).

(*a*) Les inventaires dressés par les détenteurs de tissus français ou de cotons filés pour suppléer à la marque de fabrique doivent être enregistrés gratis, aux termes des art. 41 et 46 de la loi du 21 avril 1818 sur les douanes.

(*b*) *La loi du* 24 *mai* 1834 *a fait exception à cette règle*, en fixant par son art. 11 un seul droit de 2 fr. pour les inventaires après faillites, *quel que soit le nombre des vacations.*

J.

1° Jugements définitifs des juges de paix , rendus en dernier ressort , d'après la volonté expresse des parties , au-delà des limites de la compétence ordinaire , lorsqu'ils ne contiennent pas de dispositions donnant ouverture à un droit proportionnel supérieur. (*Numéro 9 de l'art. 44 de la loi du 28 avril* 1816).......................... 3 fr. fixe.

2° Jugements qui seront rendus en matière de contributions , soit directes , soit indirectes , ou pour autres sommes dues à la nation , ou pour contributions locales , quel que soit le montant des condamnations , et de quelque autorité ou tribunal qu'émanent les jugements (*a*). (*Numéro 49 du premier paragraphe de l'art. 68 de la loi du 22 frimaire an* VII.).......................... 1 fr. fixe.

(*a*) D'après l'art. 39 de la loi du 28 avril 1816, les jugements des tribunaux en matière de contributions publiques ou locales, et autres sommes dues à l'Etat et aux établissements locaux, *sont assujettis aux mêmes droits d'enregistrement que ceux rendus entre particuliers.*

Seulement l'art. 6 de la loi du 16 juin 1824 ordonne l'enregistrement gratis pour les actes de poursuites et tous autres actes, tant en action qu'en défense, ayant pour objet les sommes dues à l'Etat, ainsi que les contributions locales, le recouvrement des mois des nourrices; le tout lorsqu'il s'agit de cotes, droits et créances, non excédant au total la somme de 100 fr.

3° Jugements des juges de paix portant renvoi ou décharge de demande, débouté d'opposition , validité de congé, expulsion, condamnation à réparation d'injures personnelles, et généralement tous ceux qui, contenant des dispositions définitives , ne donnent pas ouverture au droit proportionnel. (*Numéro 5 du deuxième paragraphe de l'art. 68 de la loi du 22 frimaire an* VII.).................. 2 fr. fixe.

4° Jugements des tribunaux civils, rendus en première instance ou sur appel, portant acquiescement, acte d'affirmation, d'appel, de conversion d'opposition en saisie, débouté, d'opposition, décharge et renvoi de demande, déchéance d'appel, péremption d'instance, déclinatoire, entérinement de procès-verbaux et rapports, homologation d'actes d'union et atter-moiement ; injonction de procéder à inventaire, licitations, partage ou vente ; mainlevée d'opposition ou de saisie, nul-lité de procédure, maintenue en possession, résolution de contrat ou de clause de contrat pour cause de nullité radi-cale; reconnaissance d'écriture, nomination de commissaires, directeurs et séquestres ; publication judiciaire de donation, bénéfice d'inventaire ; rescision, soumission et exécution de jugement.

Et généralement tous jugements de ces tribunaux; ceux de commerce et d'arbitrage, contenant les dispositions définitives qui ne peuvent donner lieu au droit proportionnel, ou dont le droit proportionnel ne s'élèverait pas à cinq francs. (*Nu-méro 7 du troisième paragraphe de l'art.* 68 *de la loi du* 22 *frimaire an* VII ; *et numéro 5 de l'art.* 45 *de la loi du* 8 *avril* 1816) . . . . 5 fr. fixe.

L'art. 12 de la loi du 27 ventôse an IX classe à ce numé-ro les jugements portant *résolution de contrat de vente* pour défaut de paiement quelconque sur le prix de l'acquisition, lorsque l'acquéreur ne sera pas entré en jouissance.

4° Jugements des tribunaux en matière de contributions publiques ou locales et autres sommes dues à l'Etat et aux établissements locaux, seront assujettis aux mêmes droits d'en-registrement que ceux rendus entre particuliers (*a*). (*Art.* 39 *de la loi du* 28 *avril* 1816). — V. 2° *ci-dessus.*

(*a*) L'art. 11 de la loi du 21 avril 1832 prescrit l'enregistre-ment *gratis* pour les actes et jugements relatifs à la navigation du Rhin.

6° Jugements interlocutoires ou préparatoires, ordonnan-ces et autres actes, lorsqu'ils auront lieu dans les tribunaux de première instance, de commerce ou d'arbitrage, et ne se-ront pas de l'espèce de ceux dont il sera parlé ci-après. (*Art.* 44 *numéro* 10, *de la loi du* 8 *avril* 1816)...
3 fr. fixe.

7° Jugements des tribunaux civils prononçant sur l'appel des juges de paix ; ceux desdits tribunaux et des tribunaux de commerce ou d'arbitres, rendus en premier ressort, con-tenant des dispositions définitives, qui ne donneraient pas lieu à un droit plus élevé. (*Numéro 5 de l'art. 45 de la loi du 28 avril 1816*).................... 5 fr. fixe.

8° **Jugements** rendus en dernier ressort par les tribunaux de première instance ou les arbitres, d'après le consentement des partiés, lorsque la matière ne comportait pas ce dernier ressort, sauf la perception du droit proportionnel, s'il s'élève au-delà de dix francs. (*Numéro 1 de l'art. 46 de la loi du 28 avril 1816*).................... 10 fr. fixe.

9° **Jugements** des tribunaux civils, portant interdiction, et ceux de séparation de biens entre mari et femme, lorsqu'ils ne portent point condamnation *ou liquidation* de sommes et valeurs ou lorsque le droit proportionnel ne s'élèvera pas à quinze francs. (*Numéro 2 du sixième paragraphe de l'art. 68 de la loi du 22 frimaire an* VII)... 15 fr. fixe.

Lorsqu'il y a liquidation, le droit doit être perçu sur les sommes qui ne résultent pas d'actes enregistrés.

10° **Jugements** de première instance admettant une adoption. (*Numéro 2 de l'art. 48 de la loi du 28 avril 1816.*)
50 fr. fixe.

11° **Jugements** contradictoires ou par défaut des juges de paix, des tribunaux civils, de commerce et d'arbitrage, de la police ordinaire, de la police correctionnelle et des tribunaux criminels, portant condamnation, collocation ou liquidation de sommes et valeurs mobilières, intérêts et dépens entre particuliers, excepté les dommages-intérêts, dont le droit proportionnel est fixé à deux pour cent. (*Numéro 9 du deuxième paragraphe de l'art. 69 de la loi du 22 frimaire an* VII).................... 50 c. p. 100 fr.

Dans aucun cas, et pour aucun de ces jugements, le droit proportionnel ne pourra être au-dessous du droit fixe, tel qu'il est réglé pour les jugements des divers tribunaux.

Lorsque le droit proportionnel aura été acquitté sur un jugement rendu par défaut, la perception sur le jugement contradictoire qui pourra intervenir n'aura lieu que sur le supplément des condamnations : il en sera de même des jugements rendus sur appel et des exécutoires.

S'il n'y a pas de supplément de condamnation, le jugement sera enregistré pour le droit fixe, qui sera toujours le moindre droit à percevoir.

Lorsqu'une condamnation sera rendue sur une demande non établie par un titre enregistré et susceptible de l'être, le droit auquel l'objet de la demande aura donné lieu, s'il avait été convenu par acte public, sera perçu indépendamment du droit dû pour l'acte ou le jugement qui aura prononcé la condamnation.

12° **Jugements** portant condamnation à des amendes pour *contravention aux lois sur les douanes* et confiscation des marchandises saisies. (*Décision min. des 2 juin 1828 et 24 juin 1830; Inst. gén. numéros 1256, septième paragraphe; 1336, neuvième paragraphe, et 1428*)...
Droit fixe.

13° **Jugements** en matière d'expropriation pour cause d'utilité publique. (*Art. 58 de la loi du 3 mai 1841.*)
Gratis.

Pour chemins vicinaux. (*Art. 20 de la loi du 21 mai 1836*)............................... 1 fr. fixe.

Jugements.—Voyez ACTES 6°, 9°, 10°, 11°, 12°, 18°, ARRÊTS, DÉCLARATIONS et ORDONNANCES.

L.

Légalisations de signatures d'officiers publics. (*Numéro 11 du troisième paragraphe de l'art. 70 de la loi du 22 frimaire an VII*).......... Exemptes d'enregistrement.

Légalisations apposées au bas des actes sous signatures privées. (*Décis. du min. des fin., du 30 octobre 1822.*)
Exemptes d'enregistrement.

Légataires.— V. SUCCESSIONS, et le MANUEL DES HÉRITIERS.

Légitimations.— V. ACTES 4°.

Lettres de change tirées de place en place, et celles venant des colonies françaises ou de l'étranger, lorsqu'elles sont protestées faute de paiement.

Elles pourront n'être présentées à l'enregistrement qu'avec l'assignation.

Dans le cas de protêt faute d'acceptation, les lettres de change devront être enregistrées seulement avant que la demande en remboursement ou en cautionnement puisse être formée contre les endosseurs ou les tireurs (*a*). (*Art.* 50 *de la loi du* 28 *avril* 1816.)........   25 cent. par cent fr.

(*a*) L'art. 6 de la loi du 1ᵉʳ mai 1822 porte : « Les lettres de change tirées par seconde, troisième ou quatrième pourront, quoiqu'étant écrites sur papier non timbré, être enregistrées dans le cas de protêt, sans qu'il y ait lieu au droit de timbre et à l'amende, pourvu que la première, écrite sur papier au timbre proportionnel, soit représentée conjointement au receveur de l'enregistrement.

Les avals et endossements de lettres de change et billets *par actes séparés* ne doivent supporter que le droit fixe d'un franc.

Voyez ACTES INNOMMÉS.

La régie avait voulu exiger le droit de cautionnement par son instruction générale du 11 septembre 1810, sous le nᵒ 488 ; mais une solution du 19 novembre 1842 a reconnu les vrais principes, en décidant que le droit exigible, sur un aval donné par acte séparé de l'effet négociable, est celui d'un franc fixe, aux termes du nᵒ 51 du § 1ᵉʳ de l'article 68 de la loi du 22 frimaire an VII.

Voir TIMBRE.

Lettres de voitures. ....   1 fr. fixe.
V. CONNAISSEMENTS.

Lettres missives qui ne contiennent ni obligation, ni quittance, ni aucune autre convention donnant lieu au droit proportionnel. (*Art.* 43, *numéro* 14 *de la loi du* 28 *avril* 1816.)...........................   2 fr. fixe.

Lettres patentes. Il est perçu, au profit du trésor royal, à raison des lettres patentes, un droit d'enregistrement fixé suivant le tableau ci-après.

ÉTAT des droits de sceau perçu par le conseil du sceau des titres et du droit d'enregistrement proposé pour le compte du trésor royal (a).

DATES des ORDONNANCES.	NATURE des LETTRES PATENTES SCELLÉES.		MONTANT DU	
			droit du sceau.	droit d'enregistrement proposé à 20 p. 0/0.
Ordonnance du 8 octobre 1814. * L'article 5 porte réserve de remettre ou modérer ces sommes.	Renouvellement de lettres patentes portant confirmation du même titre et changement d'armoiries.........	de comte..	100	20
		de baron..	50	10
		de chevalier.....	15	3
	Collation du titre de duc...........		»	3000
	Collation du titre héréditaire de marquis, comte, vicomte et baron, lettres patentes de chevalier et lettres de noblesse.........	de marquis et comte.	6000	1200
		de vicomte	4000	800
		de baron..	3000	600
		de chevalier.....	60	12
		lettres de noblesse.	600	120
	Grandes lettres de naturalisation....		gratis.	....
	Lettres de déclaration de naturalité.................		100*	20*
	Lettres portant autorisation de se faire naturaliser ou de servir à l'étranger..................		500*	100*
	Dispense d'âge pour mariage.....		100*	20*
	Dispenses de parenté pour mariage.................		200*	40*
Ordonnance du 26 décembre 1814.	Lettres portant renouvellement d'anciennes armoiries......	pour les villes de 1re classe........	150	30
		pour les villes de 2e. villes et communes de 3e..........	100 / 50	20 / 10
	Lettres accordant des armoiries aux villes qui n'en ont pas encore........	les villes de 1re classe...........	600	120
		celles de 2e.......	400	80
		celles de 3e.......	200	40
Loi du 20 juillet 1837.	Réintégration dans la qualité de Français.....................		100*	20*
	Autorisation pour changements ou additions de *noms*,...............		600*	120*

(a) Une ordonnance du 7 octobre 1818 porte qu'il sera perçu les mêmes droits pour institution de majorats de marquis et de vicomte que ceux pour comte et baron.

Aucune expédition desdites lettres ne peut être délivrée par le conseil du sceau des titres, sans que le droit d'enregistrement n'ait été préalablement payé. (*Art. 55 de la loi du 28 avril* 1816.)

Les lettres patentes de dispense d'âge pour mariage des personnes indigentes seront enregistrées gratis. (*Art. 77 de la loi du 15 mai* 1818.)

Levées de scellés. — V. PROCÈS-VERBAUX.

Libérations. — V. QUITTANCES.

Licitations de biens meubles indivis. Sur les parts et portions acquises à ce titre............. 2 fr. pour cent.
    V. ADJUDICATIONS 4º.

Licitations de biens immeubles entre *cohéritiers, codonataires ou copropriétaires,* sur les parts et portions acquises, c'est-à-dire sur les sommes qui excèdent la portion des colicitants dans la totalité des biens vendus.

4 fr. pour 100.

    Les licitations de biens immeubles entre cohéritiers, codonataires ou copropriétaires, dont la transcription est requise aux hypothèques, doivent, pour cette formalité, acquitter le droit proportionnel d'un et demi pour cent, attendu qu'elles en sont affranchies lors de l'enregistrement.
    V. ADJUDICATIONS 5º et HYPOTHÈQUES.

Licitations entre toutes autres personnes.

5 et demi pour cent.

    Les licitations de biens de même nature, entre toutes autres personnes, ne sont sujettes, lors de la transcription, qu'au droit fixe de un franc, outre le droit de timbre des registres et le salaire du conservateur, par le motif que le droit proportionnel de transcription a été acquitté en même temps que celui d'enregistrement.
    V. ADJUDICATIONS 5º et HYPOTHÈQUES.

Locations. — V. BAUX.

M.

Mainlevées par actes civils.............. 2 fr. fixe.
V. Désistements.

Mainlevées par actes extrajudiciaires. La quotité du droit
est réglée selon le degré de juridiction.
V. Actes, Exploits Jugements.

Mainlevées en justice. — V. Actes, Arrêts, Jugements et Ordonnances.

Maintenues en possession. — V. Jugements.

Maires. — V. Actes 4°.

Mandats. — V. Procurations.

Mandats sur les particuliers......... 1 fr. pour cent.
V. Contrats 3°.

Mandats sur les caisses publiques.... Exempts d'enregist.
V. Rescriptions.

Mandats d'amener ou d'arrêt..... Exempts d'enregist.
V. Ordonnances.

Mandements d'assigner les opposants à scellés.
V. Actes 9°.

Marchés. — V. Actes 2°, 3°, Adjudications 4°, Cautionnements et Contrats.

Mariages. — V. Actes 4° et Contrats 1°, 2°.

Mercuriales.
« Pour les rentes et les baux stipulés payables en quan-
« tité fixe de grains et denrées dont la valeur est déterminée
« par des mercuriales, et pour les donations entre-vifs et les
« transmissions par décès de biens dont les baux sont éga-

« lement stipulés payables en quantité fixe de grains et den-
« rées dont la valeur est également déterminée par des mer-
« curiales, la liquidation du droit proportionnel d'enregis-
« trement sera faite d'après l'évaluation du montant des rentes
« ou du prix des baux résultant d'une année commune de la
« valeur des grains et autres denrées, selon les mercuriales
« du marché le plus voisin.

« On formera l'année commune d'après les quatorze der-
« nières années antérieures à celle de l'ouverture du droit ;
« on retranchera les deux plus fortes et les deux plus faibles ;
« l'année commune sera établie sur les dix années restantes. »
(*Art.* 75 *de la loi du* 15 *mai* 1818.)

Le tableau des mercuriales doit être affiché dans un endroit apparent du bureau de l'enregistrement.

Minimum des droits d'enregistrement....... 25 cent.
V. FRACTIONS.

Modérations d'amendes et des droits. — V. AMENDES et PAIEMENTS.

Mutations qui s'effectueront par décès en propriété ou usu-fruit de biens meubles, en ligne directe. (*Numéro* 3 *du pre-mier paragraphe de l'art.* 69 *de la loi du* 22 *frimaire an* VII)................. 25 centimes p. 100 fr.

L'enfant naturel appelé à la succession, à défaut de parents au degré successible, est considéré comme personne non pa-rente, quant à la quotité du droit. (*Art.* 53 *de la loi du* 28 *avril* 1816.)

Mutations de biens immeubles, en propriété ou usufruit, qui auront lieu par décès en ligne directe. (*Numéro* 4 *du troisième paragraphe de l'art.* 68 *de la loi du* 22 *frimaire an* VII.)................. 1 fr. pour 100.

Lorsque l'enfant naturel est appelé à la succession à dé-faut de parents au degré successible, il est considéré quant à la quotité du droit, comme personne non parente. (*Art.* 53 *de la loi du* 28 *avril* 1816.)

Mutations par actes, avec dates certaines, antérieures à la publication de la loi du 28 avril 1816, ne sont sujettes qu'aux droits établis avant cette loi. (*Inst. gén. du* 30 *juin* 1818, *numéro* 845.)

Mutations. — V. Adjudications, Donations et
Ventes.

N.

Naissances. — V. Actes 4°.

Nantissements. — V. Engagements.

Nominations d'arbitres. — V. Compromis.

Nominations d'experts. Hors jugement. (*Art.* 43, *numéro* 15 *de la loi du* 28 *avril* 1816.) . . . . 2 fr. fixe.
   Si elles ont lieu en justice, V. Jugements et Ordonnances.

Nominations de juges-commissaires en matière de faillite. (*Solution du* 12 *mai* 1824, *rappelée septième paragraphe de l'inst. gén. numéro* 1146.) . . . . Exemptes d'enregist.

Nominations de tuteurs et curateurs . . . . . . 2 fr. fixe.
   V. Procès-verbaux.

Nominations de commissaires, directeurs et séquestres. —
   V. Jugemens et Ordonnances.

Nominations de gardes de propriétés des particuliers.
   V. Actes innommés.   1 fr. fixe.

Nominations d'employés, de gardes forestiers, gardes
ruraux et champêtres, établis par l'administration publique.
               Exemptes d'enregistrement.

Nominations. — V. Ordonnances.

Notaires. — V. Adjudications 4°, Amendes et Ordonnances 5°.

Notifications. — V. Exploits.

Notoriétés . . . . 2 fr. fixe.
   V. Actes 24°.

Nourriture d'animaux. V. Baux.

Nourriture de personnes. — V. Baux.

O.

Obligations de sommes, sans libéralité et sans que l'obligation soit le prix d'une transmission de meubles ou d'immeubles, non enregistrée. . . . . 1 fr. pour 100
— V. Contrats, 3°.

Obligations à la grosse-aventure, ou pour retour de voyage. (*Numéro* 10 *du deuxième paragraphe de l'art.* 69 *de la loi du* 22 *frimaire an* vii.). . . . . . 50 cent. p. 100 fr.

Offices, charges—. V. Adjudication, 4° et Ordonnances, 5°.

Offres réelles ne faisant pas titre aux créanciers et non acceptées.—V. Exploits.

Omissions dans une déclaration de succession : double droit sur la valeur des biens omis. — V. Expertises et Successions.

Oppositions.—V. Actes et Exploits, 9°.

1° **Ordonnances** de payements sur les caisses publiques. —V. Rescriptions. . . . . Exemptes d'enregist.

2° **Ordonnances** de décharge ou de réduction, remise ou modération d'impositions, les quittances y relatives, les rôles et extraits d'iceux. (*Numéro* 6 *du troisième paragraphe de l'art.* 70 *de la loi du* 22 *frimaire an* vii).
Exemptes d'enregist.

3° **Ordonnances** des juges des tribunaux civils, rendues sur requêtes ou mémoires, celles de référé, de compulsoire et d'injonction, celles portant permission de saisir-gager, revendiquer ou vendre, et celles des commissaires du gouvernement, dans les cas où la loi les autorise à en rendre.. 3 f. fixe.
Les actes et jugements préparatoires ou d'instruction de ces tribunaux et des arbitres. . . . . 3 fr. fixe.
Et les actes faits ou passés aux greffes des mêmes tribunaux, portant acquiescement, dépôt, décharge, désaveu, exclusion de tribunaux, affirmation de voyage, oppositions à remises de pièces, enchères, sur-enchères, renonciation à communauté, succession ou legs (*il est dû un droit par*

chaque renonçant), reprise d'instance, communication de pièces sans déplacement, affirmation et vérification de créance, opposition à délivrance de jugement (*a*). (*Numéro 6 du deuxième paragraphe de l'art. 68 de la loi du 22 frimaire an* VII *et numéro* 10 *de l'art. 44 de la loi du 28 avril* 1816.)...................... 3 fr. fixe.

(*a*) Le numéro 10 de l'art. 44 de la loi du 28 avril 1816 porte à 3 fr. les jugements interlocutoires ou préparatoires, ordonnances et autres actes énoncés dans les numéros 6 et 7 du deuxième paragraphe de l'art. 68 de la loi du 22 frimaire an 7, lorsqu'ils auront lieu dans les tribunaux de première instance, de commerce ou d'arbitrage.

Le numéro 5 de l'art. 45 de la même loi élève à 5 fr. les jugements des tribunaux civils prononçant sur l'appel de ceux des juges de paix ; ceux desdits tribunaux et des tribunaux de commerce ou d'arbitres, rendus en premier ressort, contenant des dispositions définitives qui ne donneraient pas lieu à un droit plus élevé.

Le numéro 6 porte à 5 fr. les arrêts interlocutoires ou préparatoires rendus par les cours royales, lorsqu'ils ne seront pas susceptibles d'un droit plus élevé ; et les ordonnances et actes désignés dans les numéros 6 et 7, deuxième paragraphe de l'art. 68 de la loi du 22 frimaire an 7 devant les mêmes cours.

Et le numéro 8 du même article de la même loi élève à 5 fr. les actes et jugements interlocutoires ou préparatoires des divorces.

Enfin l'art. 46 de ladite loi du 28 avril 1816 assujettit au droit fixe de 10 fr.

1° Les jugements rendus en dernier ressort par les tribunaux de première instance ou les arbitres, d'après le consentement des parties lorsque la matière ne comporterait pas ce dernier ressort, sauf la perception du droit proportionnel, s'il s'élève au delà de 10 fr.

2° Les arrêts définitifs des cours royales, dont le droit proportionnel ne s'élèverait pas à 10 fr.

3° Et les arrêts interlocutoires ou préparatoires de la cour de cassation et des conseils de Sa Majesté.

L'art. 13 de la loi du 24 mai 1834 porte : « les procès-verbaux d'affirmation de créances faits en exécution de l'art. 507 du Code de commerce ne seront assujettis qu'à un seul droit fixe de trois francs, *quel que soit le nombre des déclarations affirmatives.*

4° Ordonnances sur requêtes ou mémoires, celles de réassigné, et tous actes et jugements préparatoires, ou d'instruction des tribunaux de commerce ;

Et les actes passés aux greffes des mêmes tribunaux, portant dépôts de bilan et registres, opposition à publication de séparation, dépôts de sommes et pièces, et tous autres actes conservatoires ou de formalité (*a*)......... 3 fr. fixe.

(*a*) Voir les notes du numéro précédent.

5° **Ordonnances** du roi portant nomination des avocats à la Cour de cassation, notaires, avoués, greffiers, huissiers, agents de change, courtiers et commissaires-priseurs, du montant de leur cautionnement. (*Art. 34 de la loi du 21 avril 1832*................... 10 fr. p. 100.

Ces droits seront perçus sur la première expédition des ordonnances dans le mois de leur délivrance *sous peine d'un double droit*. Les nouveaux titulaires ne pourront être admis au serment qu'en produisant ladite expédition revêtue de la formalité de l'enregistrement. En cas de délivrance d'une seconde ou de subséquentes expéditions, la relation de l'enregistrement y sera mentionnée sans frais par le receveur du bureau où la formalité aura été donnée et les droits acquittés.

La loi du 25 juin 1841 a laissé, par son article 10, subsister ce droit comme *minimum*, et, par son article 12, elle a fixé à 20 pour cent les ordonnances portant nomination en cas de *créations nouvelles de charges*, *offices*, ou de nouveaux titulaires *sans présentation*.

6° **Ordonnances.** — Voyez ACTES, 9° ADJUDICATIONS, 4° et EXPÉDITIONS.

Ouvertures de crédit............ 1 fr. fixe.
V. ACTES INNOMMÉS.

P.

Payements des droits d'enregistrement. Les droits des actes et ceux des mutations par décès seront payés avant l'enregistrement, aux taux et quotités réglés par la présente.

Nul ne pourra en atténuer ni différer le payement, sous le prétexte de contestation sur la quotité, ni pour quelque autre motif que ce soit, sauf à se pourvoir en restitution, s'il y a lieu. (*Art.* 28 *de la loi du* 22 *frimaire an* VII.)

Voyez BUREAUX et DÉLAIS.

Paraphe qui doit précéder l'usage d'un registre. (*Art.* 73 *de la loi du* 28 *avril* 1816.............. 1 fr. fixe.

Partages de biens meubles et immeubles entre copropriétaires, à quelque titre que ce soit, pourvu qu'il en soit justifié. (*Numéro* 3 *de l'art.* 45 *de la loi du* 28 *avril* 1816).
5 fr. fixe.

S'il y a retour, le droit sur ce qui en sera l'objet sera perçu aux taux réglés pour les ventes.

Un partage par lequel on donne à l'un des copartageants l'usufruit et à l'autre la nue-propriété de la totalité des biens indivis, sans soulte, n'est sujet qu'au droit fixe. (*Arrêt de la Cour de cass. du* 16 *juin* 1824.)

Partages. — Voyez DONATION, JUGEMENTS, LICITATIONS et VENTES.

Parts et portions acquises par licitations de *biens meubles* indivis. (*Numéro* 6 *du cinquième paragraphe de l'art.* 69 *de la loi du* 22 *frimaire an* VII).......... 2 fr. p. 100.

Parts et portions indivises de *biens immeubles* acquises par licitations. (*Numéro* 4 *du septième paragraphe de l'art.* 69 *de la loi du* 22 *frimaire an* VII, *et art.* 52 *et* 54 *de la loi du* 28 *avril* 1816)............ 5 et demi p. 100.

RESTÉES A 4 POUR CENT seulement pour les licitations et soultes de partage, même entre copropriétaires, dont le titre n'est pas commun. (*Arrêts de la Cour de cassation des* 22 *février et* 6 *novembre* 1827.)

L'arrêt du 22 février décide que, quelle que soit la dénomination donnée à un *acte par lequel des propriétaires font cesser l'indivision*, cet acte est un partage, et ce partage n'est pas soumis à la transcription.

Néanmoins, pour être exempts du droit proportionnel de transcription, il faut que les licitations ou partages, dans le sens de l'art. 883 du Code civil, *fassent cesser toute indivision.* (*Arrêt de la Cour de cassation du* 27 *décembre* 1830.)

‹ *La régie de l'enregistrement* veut que toute la jurisprudence ci-dessus soit changée par un arrêt de la Cour de cassation du 21 janvier 1840, qui décide que le droit de 5 et demi pour cent est dû sur une licitation ; mais elle n'a pas examiné attentivement cet arrêt qui sûrement n'a prononcé ainsi que parce qu'il restait trois coacquéreurs, et que conséquemment *l'indivision ne cessait pas entièrement.*

En supposant même cet arrêt dans le sens où la régie le comprend, nous ne faisons nul doute que la Cour de cassation ne revienne à son ancienne jurisprudence entièrement basée sur l'exécution des lois. (*Arrêt de la Cour de cassation du 24 mars 1840.*)

Passavants.—Voyez RESCRIPTIONS.

Passe-ports délivrés par l'administration publique. (*Numéro 14 du troisième paragraphe de l'art. 70 de la loi du 22 frimaire an VII*) . . . . . Exempts d'enregistrement.
Voyez ENGAGEMENTS.

Pensions alimentaires. — Voyez CONSTITUTIONS.

Péremptions d'instances. — Voyez JUGEMENTS.

Plaintes. — Voyez JUGEMENTS.

Pluralité des droits. — Voyez ACTES contenant plusieurs dispositions et EXPLOITS.

Polices d'assurance. — Voyez ACTES 3°.

Pouvoirs. — Voyez PROCURATIONS.

Préciput. La stipulation du préciput, *même en renonçant,* n'opère aucun droit lors du contrat de mariage.

Premier acte de recours en cassation ou aux conseils de Sa Majesté. . . . . 25 fr. fixe.
Voyez ACTES 13°.

Prescription. Les articles 60, 61 et 62 de la loi du 22 frimaire an VII, portent :

ART. LX. Tout droit d'enregistrement perçu régulièrement en conformité de la présente ne pourra être restitué, quels que soient les événements ultérieurs, sauf les cas prévus par la présente (*a*).

(*a*) Avis du conseil d'État du 22 octobre 1808, qui décide : 1° Que les adjudications d'immeubles faites en justice doivent être enregistrées dans les vingt jours de leur date, soit qu'on en ait ou non interjeté appel.

« 2° Que le droit perçu est restituable lorsque l'adjudication est annulée par les voies légales. »

Généralement il y a exception à cette règle lorsque le contrat porte une condition suspensive, telle que l'admission d'un remplaçant, la réalisation du mariage à l'état civil. (*Décisions ministérielles des 7 juin 1818, 22 octobre 1819, et administratives du 31 juillet 1824.*)

La restitution d'un droit payé pour un legs auquel on a ensuite renoncé peut être faite dans les deux ans qui suivent la renonciation. (*Décision de l'administration du 4 mai 1825.*)

Art. LXI. Il y a prescription pour la demande des droits ; savoir :

1° Après deux années, à compter du jour de leur enregistrement, s'il s'agit d'un droit non perçu sur une disposition particulière dans un acte, ou d'un supplément de perception insuffisamment faite, ou d'une fausse évaluation dans une déclaration, et pour la constater par voie d'expertise (*a*).

Les parties seront également non-recevables, après le même délai, pour toute demande en restitution de droits perçus.

2° Après trois années, aussi à compter du jour de l'enregistrement, s'il s'agit d'une omission de biens dans une déclaration faite après décès.

3° Après cinq années, à compter du jour du décès, pour les successions non déclarées (*b*).

Les prescriptions ci-dessus seront suspendues par des demandes signifiées et *enregistrées* avant l'expiration des délais (*c*); mais elles seront acquises irrévocablement, si les poursuites commencées sont interrompues pendant une année sans qu'il y ait d'instance devant les juges compétents, quand même le premier délai pour la prescription ne serait pas expiré.

(*a*) Un avis du conseil d'État du 22 août 1810, relatif à la prescription des amendes prononcées par la loi du 22 frimaire, et par celle du 22 pluviôse an VII sur les ventes publiques des effets mobiliers, dispose : « Toutes les fois que les receveurs de l'enregistrement sont à portée de découvrir, par des actes présentés à la formalité, des contraventions aux lois des 22 frimaire et 22 pluviôse an VII, sujettes à l'amende, ils doivent, dans les deux ans de la formalité donnée à l'acte, exercer des poursuites pour le recouvrement de l'amende, à peine de prescription. »

La loi du 16 juin 1824 porte, articles 14 et 15, les dispositions suivantes :

« Art. 14. La prescription de deux ans, établie par le nombre 1er de l'art. 61 de la loi du 22 décembre 1798, s'appliquera tant aux amendes de contraventions aux dispositions de ladite loi qu'aux amendes pour contraventions aux lois sur le timbre et sur les ventes de meubles. Elle courra du jour où les préposés auront été mis à portée de constater les contraventions, au vu de chaque acte soumis à l'enregistrement, ou du jour de la présentation des répertoires à leur *visa*.

« Dans tous les cas, la prescription pour le recouvrement des droits simples d'enregistrement et des droits de timbre qui auraient été dûs, indépendamment des amendes, restera réglée par les lois existantes.

« L'action pour faire condamner aux amendes sera prescrite, après deux ans, à compter du jour où les contraventions auront été commises dans les cas déterminés :

1° Par l'art. 1er de la loi du 5 mai 1796 (16 floréal an iv), sur le dépôt des répertoires ;

2° Par l'art. 37 de la loi du 22 octobre 1798 (1er brumaire an vii), pour la mention à faire des patentes.

3° Par la loi du 16 mars 1803 (25 ventôse an xi), contenant organisation du notariat ;

« 4° Par l'art. 68 du Code de commerce, pour la publication des contrats de mariage des commerçants.

« Art. 15. Toutes les dispositions qui précèdent seront applicables aux perceptions à faire, et aux amendes encore dues au moment de la publication de la présente. »

(*b*) A l'exception de celles des militaires, pour la déclaration desquelles le délai ne court que de la date de l'inscription de l'acte de décès sur les registres de l'état civil de la commune de leur dernier domicile. (*Instr.* 424, *numéro* 1.)

(*c*) La réclamation administrative des parties, déposée soit au secrétariat du ministère des finances, soit à celui de la direction générale de l'enregistrement, interrompait autrefois la prescription. (*Décis. minist. fin.*, 27 *septembre* 1827. *Inst.* 1226; *mais actuellement*, depuis l'instruction générale du 15 novembre 1836, sous le n° 1524, *il faut un acte extra-judiciaire introductif d'instance.*)

Art. LXII. La date des actes sous signatures privées ne pourra cependant être opposée à l'état pour prescription des droits et peines encourues, à moins que ces actes n'aient acquis une *date certaine* par le décès de l'une des parties, ou autrement (*a*).

(*a*) Voir les notes de l'article précédent.

Prescriptions. — Voyez Amendés.

Prestations de serment des greffiers et huissiers des juges de paix, des gardes des douanes, gardes forestiers et gardes champêtres, pour entrer en fonctions (*a*) (*Numéro 3 du troisième paragraphe de l'art. 68 de la loi du 22 frimaire an* VII)...................... 3 fr. fixe.

(*a*) Gardes des barrières (2ᵉ *alinéa de l'art. 14 de la loi du 27 ventôse an VII*), et préposés de l'octroi. (*Ordonnance royale du 9 décembre 1814.*)

Les prestations de serment des préposés des administrations et de toutes autres personnes recevant un salaire de l'État, lorsque ces traitements, salaires ou remises n'excèdent pas 500 fr. par année. (*Décis. du min. des fin. du 9 mai 1817. Inst. gén. numéro 785.*)

L'art. 65 de la loi du 21 avril 1818 sur les douanes, portant que l'acte de serment des agents des douanes sera enregistré dans les cinq jours, et qu'*il sera valable pour tout le temps où l'employé restera en exercice*, le comité des finances a décidé, le 26 décembre 1832, que les employés des douanes ne sont pas assujettis, comme les employés des autres administrations, à renouveler l'acte de leur serment lorsqu'ils changent de grade.

En outre, le ministre des finances, par arrêté du 7 juin 1833, fixe à *trois francs les prestations de serment des employés des douanes dans les grades inférieurs* de la partie active, compris sous la dénomination de *gardes des douanes*, tels que les sous-lieutenants, lieutenants, emballeurs et autres *agents commissionnés par les directeurs dans les départements, et révocables par eux*, et à 15 fr. les prestations de serment des lieutenants d'ordre, lieutenants principaux, capitaines de brigade, et tous autres préposés des douanes. (*Inst. gén., numéro 1429 du 24 juillet 1833.*)

Prestations de serment des notaires, des greffiers et huissiers des tribunaux civils, criminels, correctionnels et de commerce, et de tous employés salariés, autres que ceux compris ci-dessus, pour entrer en fonctions (*a*) (*Numéro 4 du sixième paragraphe de l'art. 68 de la loi du 22 frimaire an* VII.)...................... 15 fr. fixe.

(*a*) Ceux des avoués (2ᵉ *alinéa de l'art. 14 de la loi du 27 ventôse an IX*), ratifiés par le décret du 31 mai 1807, qui étend le droit fixe de quinze francs aux avocats et défenseurs officieux.

Généralement tous ceux des employés dont le traitement est au-dessus de 500 fr. par année.

Il n'est dû aucun droit lorsque les employés changent seulement de résidence : ils doivent alors faire transcrire et viser leur acte primitif de serment au greffe du tribunal de première instance dout ils ressortent. (*Déc. minist. des 17 février et 14 mai 1817, inst. gén., numéro 785.*)

Une ordonnance royale du 29 juillet 1814, confirmée par une autre du 7 octobre suivant, assujettit au *droit fixe de 15 fr. l'acte de prestation de serment des comptables, directement justiciables de la Cour des comptes.*

Prêts sur dépôts de marchandises fonds publics français et actions, dans le cas prévu par l'article 95 du Code de commerce. (*Loi du 8 septembre* 1830)....... **2 fr. fixe.**

La qualité de commerçant est seule de rigueur pour l'emprunteur.

Voyez ACTES 26°.

Prises de possession en vertu d'actes enregistrés. (*Numéro* 33 *du premier paragraphe de l'art.* 68 *de la loi du 22 frimaire an* VII.).................... **1 fr. fixe.**

Priviléges de second ordre............. **1 fr. fixe.**

Voyez DÉCLARATIONS.

Prisées de meubles. (*Numéro 34 du premier paragraphe de l'art.* 68 *de la loi du 22 frimaire an* VII.) **1 fr. fixe.**

1° **Procès-verbaux** d'apposition, de reconnaissance et de levée de scellés. (*Numéro 3 du deuxième paragraphe de l'art.* 68 *de la loi du 22 frimaire an* VII.) **2 fr. fixe.**

Il est dû un droit pour chaque vacation.

2° **Procès-verbaux** d'apposition, de reconnaissance et de levée de scellés, et les inventaires dressés après faillite, dans les cas prévus par les articles 449, 450 et 486 du Code de commerce, chacun, *quel que soit le nombre des vacations.* (*Art.* 11 *de la loi du 24 mai 1834*)... **2 fr. fixe.**

3° **Procès-verbaux** d'affirmation de créances, faits en exécution de l'article 507 du Code de commerce, *quel que soit le nombre des déclarations affirmatives.* (*Art.* 13 *de la loi du 24 mai 1834*)..,.............. **3 fr. fixe.**

4° **Procès-verbaux** de carence, dressés par le juge de paix, en exécution de l'art. 924 du Code de procédure. (*Décision du ministre des finances, du 8 octobre 1823. Inst. gén., numéro 1104.*) .... **1 fr. fixe.**

5° **Procès-verbaux** de nomination de tuteurs et curateurs (*a*). (*Numéro 4 du deuxième paragraphe de l'art. 68 de la loi du 22 frimaire an* VII)......... 2 fr. fixe.

(*a*) Les actes de *tutelle officieuse* sont tarifés à 5o fr. par le numéro 1 de l'art. 48 de la loi du 28 avril 1816.

6° **Procès-verbaux** et rapports d'employés, gardes, commissaires, séquestres, experts et arpenteurs (*Numéro 16 de l'art. 43 de la loi du 28 avril* 1816)..... 2 fr. fixe.

7° **Procès-verbaux** de délits et contraventions aux règlements généraux de police ou d'impositions. (*Numéro 50 du premier paragraphe de l'art. 68 de la loi du 22 frimaire an* VII)....................... 1 fr. fixe.

8° **Procès-verbaux** concernant la police ordinaire, et qui ont pour objet la poursuite et la répression des délits et contraventions aux règlements généraux de police et d'impositions........................... En débet.
Voyez ACTES 14°, ARRÊTS, JUGEMENTS et ORDONNANCES.

9° **Procès-verbaux** de cote et paraphe des registres des commerçants. (*Art.* 73 *de la loi du* 28 *avril* 1816.)
1 fr. fixe.

10° **Procès-verbaux** de cote et paraphe des registres de l'état civil et des conservateurs des hypothèques........
Exempts d'enregistrement.
Voyez ACTES 4o, 6°.

11° **Procès-verbaux** des bureaux de paix desquels il ne résulte aucune disposition donnant lieu au droit proportionnel, ou dont le droit proportionnel ne s'élèverait pas à un franc (*a*). (*Numéro 47 du premier paragraphe de l'art. 68 de la loi du 22 frimaire an* VII.)........ 1 fr. fixe.

(*a*) Les conseils de prud'hommes n'ayant été établis qu'en l'année 1806, la loi du 22 frimaire an VII n'a pu tarifer les droits de leurs actes; et la loi du 28 avril 1816 ne contenant aucune autre disposition à ce sujet que celle du numéro 2 de l'art. 41, qui applique le droit fixe de 5o cent. aux exploits et assignations devant ces conseils, il y a lieu de se référer à la décision du ministre des finances du 20 juin 1809, rappelée dans l'instruction générale numéro 437, qui porte que les actes et jugements de ces conseils, concernant des contestations dont l'objet ou la somme n'est pas désignée, ou excède 25 fr., sont passibles des droits réglés pour les actes de la justice de paix, et conséquemment assujettis au droit fixe de 1 fr. ; mais que si la somme ou l'objet désigné est au-dessous de 25 fr., ils doivent être enregistrés gratis.

12° Procès-verbaux dressés par les préposés des douanes, pour constater la *destruction opérée en leur présence de marchandises avariées. (Art. 56 de la loi du 21 avril 1818.)*. . . . . **1 fr. fixe.**

Procès-verbaux de vérification de régies. —Voyez RÉCÉPISSÉS.

Procès-verbaux. — Voyez ACTES 6°, 14°, 15°, 16°, 17°, 18°, 19°; EXPÉDITIONS et ORDONNANCES.

Procurations et pouvoirs pour agir ne contenant aucune stipulation ni clause donnant lieu au droit proportionnel. (*Art. 43, numéro 17, de la loi du 28 avril 1816.*)
2 fr. fixe.

L'art. 1er du décret du 21 décembre 1808 exempte de tous droits les procurations des sous-officiers et soldats en retraite ou en réforme, pour toucher leurs pensions.

Procurations et pouvoirs, sous signatures privées, pour représenter les parties aux bureaux de l'enregistrement. (*Art. 38 des ordres généraux de régie, et instructions des domaines du 27 septembre 1830, n° 1336*). . . . .
Exempts d'enregistrement.

Promesses d'indemnités indéterminées et non susceptibles d'estimation.) *Numéro 18, art. 43, de la loi du 28 avril 1816.*). **2 fr. fixe.**

Promesses de payer en argent ou créances. . . . .
. 1 fr. p. 100.

Voyez CONTRATS 3°.

Prorogations de délai par un créancier à son débiteur (lorsque le titre de la créance est enregistré). . . . **1 fr. fixe.**
Voyez ACTES innommés.

Protestations. — Voyez EXPLOITS.

Protêts. — Voyez EXPLOITS.

Procès-verbaux. — Voyez ACTES 11° et PROCÈS-VERBAUX 11°.

Publications. — Voyez EXPLOITS.

Q.

Quittances, remboursements ou rachats de rentes et redevances de toute nature; les retraits exercés en vertu de réméré, par actes publics, dans les délais stipulés, ou faits sous
signature privée, et présentés à l'enregistrement avant l'expiration de ces délais (*a*), et tous autres actes et écrits portant libération de sommes et valeurs mobilières. (*Numéro* 11
*du deuxième paragraphe de l'art. 69 de la loi du 22 fri-
maire an* VII.).................... 50 c. p. 100 fr.

(*a*) Les art. 1660 et 1661 du Code civil restreignant à cinq années le terme du *réméré*, tout acte de retrait fait après un plus
long terme est assujetti aux droits réglés pour les ventes d'immeubles. (*Inst. gén., numéro* 245.)

Quittances de répartition données par les créanciers aux
syndics ou au caissier de la faillite, en exécution de l'article
561 du Code de commerce, *quel que soit le nombre d'é-
margements sur chaque état de répartition.* (*Art.* 15 *de
la loi du* 24 *mai* 1834.).................... 2 fr. fixe.

Quittances des intérets des inscriptions sur le grand livre.—
Voyez INSCRIPTIONS.

Quittances de contributions, droits de créances et retenues
payés à la nation; celles pour charges locales et celles des fonctionnaires et employés salariés par l'État, pour leurs traitements et émoluments. (*Numéro 5 du troisième paragraphe
de l'art 69 de la loi du 22 frimaire an* VII.)......
Exemptes d'enregistrement.

Quittances de fournisseurs, ouvriers, maîtres de pension,
et autres de même nature, *seulement* lorsqu'elles sont pro-
duites comme pièces justificatives d'un compte. (*Art.* 537
du Code de procédure civile.)..................
Exemptes d'enregistrement.

Quittances de prêt ou fournitures à des militaires ou
marins...................... Exemptes d'enregist.
V. ENGAGEMENTS.

Quittances subrogatives. — V. SUBROGATIONS.

R.

Rabais.—V. Adjudications au rabais.

Rachats.—V. Quittances.

Rapports.—V. Procès-verbaux.

Ratifications pures et simples d'actes en forme. (*Numéro 38 du premier paragraphe de l'art. 68 de la loi du 22 frimaire an VII.*)....................... 1 fr. fixe.

Récépissés de pièces.................. 2 fr. fixe.
    V. Décharges.

Récépissés délivrés aux collecteurs, aux receveurs de deniers publics et de contributions locales, et les comptes de recettes ou gestions publiques. (*Numéro 7 du troisième paragraphe de l'art. 70 de la loi du 22 frimaire an VII.*)
                                       Exemptes d'enregist.

Reconnaissances pures et simples ne contenant aucune obligation ni quittance. (*Numéro 19 de l'art. 43 de la loi du 28 avril 1816.*).................... 2 fr. fixe.

Reconnaissances portant obligations ou constatant un dépôt de sommes chez des particuliers..... 1 fr. p. cent.
    V. Contrats 3°.

Reconnaissances de chargements par mer.   3 fr. fixe.
    V. Connaissements.

Reconnaissances d'enfants naturels, par acte de célébration de mariage. (*Numéro 22 de l'art. 43 de la loi du 28 avril 1816.*)..................... 2 fr. fixe.
    V. Actes 4°.

Reconnaissances d'enfants naturels, faites autrement que par acte de mariage. (*Art. 7, numéro 45 de la loi du 28 avril 1816.*)..................... 5 fr. fixe.

Reconnaissances d'enfants naturels appartenant à des individus notoirement indigents. (*Art. 77 de la loi du 15 mai 1818.*)............................. *Gratis.*

Reconnaissances de rentes. V. Titres-nouvels.

Reconnaissances de bestiaux.—V. Baux.

Reconnaissances de scellés.— V. Procès-verbaux.

Reconventions.—V. Exploits.

Recours en cassation, ou aux Conseils de S. M. — V. Actes 13°.

Récusations de juges.—V. Jugements.

Rédaction.—V. Greffe.

Référés.—V. Jugements.

Remboursements, rachats de rentes et redevances de toute nature...................... 50 c. p. 100 fr.
   V. Quittances.

Remises de dettes. — V. Quittances.

Remises de droits et amendes.—V. Amendes et Payements.

Remises de pièces. — V. Décharges.

Renonciations à successions, legs ou communautés, lorsqu'elles seront pures et simples et non en justice. 1 fr. fixe. —V. Abstentions.

Renonciations par actes judiciaires. — V. Actes et Jugements.

Rentrées ou renvois en possession d'immeubles.—V. Jugements.

Renvois de demandes.—V. Jugements.

Réparations d'injures personnelles.— V. Jugements.

Répertoires. — V. Amendes.

Représentations de personnes. — V. Cautionnements.

Reprises. Lors des déclarations de successions, elles doivent être déduites de la valeur des biens de la *communauté, à laquelle il n'a pas été renoncé* ; mais, dans aucun cas, elles ne peuvent, au moment de ces déclarations, être retranchées de la valeur des biens *propres* au conjoint décédé. (*Arrêt de la Cour de cassation, du* 18 mai 1824.)
   V. Successions, *et le manuel des héritiers.*

Répudiations........................ 1 fr. fixe.
   —V. ABSTENTIONS.

Rescriptions, mandats et ordonnances de paiement sur les caisses nationales; leurs endossements et acquits. (*Numéro 4 du troisième paragraphe de l'art. 70 de la loi du 22 frimaire an* VII.)........... Exemptes d'enreg.

Résiliements purs et simples, faits par acte authentique dans les vingt-quatre heures des actes résiliés. (*Numéro 20 de l'art. 43 de la loi du 28 avril* 1816.).... 2 fr. fixe

Résiliations de baux. —V. ACTES INNOMMÉS.

Résolutions de contrats de ventes d'immeubles. — V. JUGEMENTS.

Restitutions des droits d'enregistrement indûment perçus; voir prescription, et le verso du titre du présent livret.

Retours de voyage.—V. OBLIGATIONS.

Retours de partages de biens-meubles.(*Numéro 7 du cinquième paragraphe de l'art. 69 de la loi du 22 frimaire an* VII.)........................ 2 fr. p. 100

Retours d'échanges et de partage de biens immeubles. (*Art. 52 de la loi du 28 avril* 1816.) 5 f. 50 c. p.100.
   —V. PARTAGES et PARTS.
   Lorsque l'indivision cesse....... 4 fr. p. 100 fr.

Rétractations et révocations. (*Numéro 21 de l'art. 43 de la loi du 28 avril* 1816.)............ 2 fr. fixe.

Retraits exercés *après l'expiration* des délais convenus par les contrats de vente d'immeubles sous faculté de réméré. (*Numéro 6 du septième paragraphe de l'art. 69 de la loi du 22 frimaire an* VII *et art. 52 de la loi du 28 avril* 1816.)..................... 5 fr. 50 c. p. 100
   Le réméré exercé après le délai fixé par le contrat de vente doit être assujetti au droit de vente immobilière, encore bien que le délai ait été prorogé par justice. (*Arrêt de la Cour de cassation du 22 brumaire an* XIV.)

Retraits. —V. QUITTANCES.

Rétrocessions de baux.—V. BAUX.

Rétrocessions de meubles ou d'objets mobiliers.—V. ADJUDICATIONS 4°, et JUGEMENTS.

Rétrocessions d'immeubles. —V. Adjudications 5°, et Jugements.

Réunions d'usufruit à la propriété, lorsque la réunion s'opère par acte de cession, et qu'elle n'est pas faite pour un prix supérieur à celui sur lequel le droit a été perçu lors de l'aliénation de la propriété. (*Numéro 4 de l'art. 44 de la loi du 28 avril* 1816.)................ 3 fr. fixe.

Toutes les fois que le nu-propriétaire qui réunit l'usufruit à *titre singulier* possédait la nue-propriété, pour l'avoir recueillie par succession, ou de toute autre manière, sans que l'acte qui lui avait conféré cette nue-propriété ait été soumis au droit additionnel de 1 fr. 50 c. p. cent, ce droit est exigible sur la valeur stipulée pour la réunion de l'usufruit. (*Décis. du min. des fin. et de l'adm., des* 28 *novembre* 1821 *et* 19 *février* 1823.)

Si le prix de la cession est supérieur à l'évaluation qui en aura été faite, pour régler le droit de la translation de propriété, il est dû un droit, par supplément, sur ce qui se trouve excéder cette évaluation......... Supplément de droit.

Lorsque la réunion s'opère sans acte, il n'est dû aucun droit. (*Art.* 15, *numéro* 6 *de la loi du* 22 *frimaire an* VII.)

V. Valeurs.

Revendications.—V. Jugements.

Reventes.—V. Adjudications 4°, 5°.

Révocations et rétractations.—V. Procurations.

Rôles.—V. Greffe.

Rôles et extraits des rôles de contributions.

Exempts d'enregist.

Rôles d'équipage de la marine marchande et des armements en course.................... Exempts d'enregist.

—V. Engagements.

Routes départementales.—V. Acquisitions.

S.

Saisies.—V. Exploits.

Scellés.—V. Appositions et Levées de scellés.

Séminaires.—V. Acquisitions.

Sentences arbitrales.—V. Jugements.

Séparations de corps et de biens.—V. Arrêts 4° et Jugements.

Serments.—V. Prestations de serment.

Significations d'avoué à avoué pour l'instruction dés procédures devant les tribunaux de première instance. (*Numéro 1 de l'art. 41 de la loi du 28 avril 1816.*)

50 cent. fixe.

Significations d'avoué à avoué devant les cours royales. (*Art. 42 de la loi du 28 avril 1816.*)..... 1 fr. fixe.

Significations d'avocat à avocat dans les instances à la Cour de cassation et aux Conseils de S. M... 3 fr fixe.

Significations.—V. Exploits.

Sociétés.—V. Actes 1°.

Sommations.—V. Demandes et Exploits.

Sommations respectueuses.—V. Actes innomés.

Soultes.—V. Échanges et Partages.

Soumissions et enchères, hors celles faites en justice, sur des objets mis ou à mettre en adjudication ou en vente, où sur des marchés à passer, lorsqu'elles seront faites par actes séparés de l'adjudication. (*Numéro 43 du premier paragraphe de l'art. 68 de la loi du 22 frimaire an* VII.)

1 fr. fixe.

Sous-Baux. — V. Baux.

Subrogations, aux termes de l'art. 1251 du Code civil.

5o c. pour 100 fr.

Subrogations de baux. — Baux.

Successions. *Les droits de mutation qui s'effectuent par décès*, soit par successsion, soit par testaments, ou autres actes de libéralité à cause de mort, de propriété ou d'usufruit de biens meubles et immeubles, *sont perçus selon les quotités ci-après.*

Héritiers du sang ou appelés à succéder par la loi.

Ligne collatérale.

	Meubles	Immeubles
Ligne directe (a)	» fr. 25 c. p. o/o	1 » p. o/o
Entre frères et sœurs, oncles et tantes, neveux et nièces	3 » p. o/o.	6 5o p. o/o.
Entre grands oncles, grand'tantes, petits-neveux et petites nièces et cousins germains.	4 » p. o/o.	7 » p. o/o.
Entre parents au delà du quatrième degré jusqu'au douzième.	5 » p. o/o.	8 » p. o/o.
Entre personnes parentes au treizième degré et au delà, ou *étrangers* à la famille.	6 » p. o/o.	9 » p. o/o.
Entre époux, par donation ou legs (a).	1 5o p. o/o.	3 » p. o/o.

(a) Lorsque l'époux survivant ou les enfants naturels sont appelés à la succession, à défaut de parents au degré successible, ils doivent être considérés, *quant à la quotité des droits,* comme personnes non parentes.

Successions. — V. Absences, Acceptations, Bureaux, Délais, Donations, Reprises, Valeurs ; *et le Manuel des héritiers.*

Suppléments de droits. — V. Expertises.

Surenchères. — V. Soumissions.

T.

Taxes. Les taxes des vacations des experts faites au pied de leur rapport par le président du tribunal. (*Décis. du min. des finances du 22 octobre* 1819.) . . . .
. . . . Exemptes d'enregistrement.
V. Exécutoires.

Témoins. — V. Exploits.

Testaments et tous autres actes de libéralité qui ne contiennent que des dispositions soumises à l'événement du décès, et les dispositions de même nature qui sont faites par contrat de mariage entre les futurs ou par d'autres personnes. (*Numéro 4 de l'art. 45 de la loi du 24 avril 1816.*)

5 fr. fixe.

Le droit pour ces dispositions par acte de mariage sera perçu indépendamment de celui du contrat.

Timbre.

Loi du 24 mai 1834.

Art. 18. A compter du 1er janvier 1835, le droit proportionnel de timbre sur les lettres de change et billets à ordre, sur les billets et obligations non négociables, sera réduit ainsi qu'il suit :

A 25 cent. au lieu de 35 cent. pour ceux de 500 fr. et au-dessous.

A 50 cent. au lieu de 70 cent. pour ceux au-dessus de 500 fr. jusqu'à 1,000 fr.

A 50 c. p. 1,000 fr. au lieu de 70 c. pour ceux au-dessus de 1,000 fr.

Le décime pour franc ne sera point ajouté aux droits ainsi réduits (*a*).

(*a*) La loi du 20 juillet 1837 établit des billets du timbre proportionnel de 300 fr. et au-dessous au prix de 15 centimes.

Art. 19. L'amende due en cas de contravention aux lois sur le timbre proportionnel, par le souscripteur d'une lettre de change, ou d'un billet à ordre, ou obligations non négociables, et qui était fixée au vingtième (5 p. 0|0) du montant des sommes exprimées dans lesdits actes, est portée à 6 p. 0|0 du montant des mêmes sommes. L'accepteur d'une lettre de change qui n'aura pas été écrite sur papier du timbre prescrit, ou qui n'aura pas été visée pour timbre, sera soumis à une amende de même quotité, indépendamment de celle encourue par le souscripteur. A défaut d'accepteur, cette amende sera due par le premier endosseur.

Une amende semblable sera due par le premier endosseur d'un billet à ordre, et par le premier cessionnaire d'un billet ou obligation non négociable, qui aura été souscrit en contravention aux lois sur le timbre.

Art. 20. Lorsqu'une lettre de change ou un billet à ordre venant, soit de l'étranger, soit des îles ou des colonies dans lesquelles le timbre ne serait pas encore établi, aura été accepté ou négocié en France, avant d'avoir été soumis au timbre ou au visa pour timbre, l'accepteur et le premier endosseur résidant en France seront tenus chacun d'une amende de 6 p. 0|0 du montant de l'effet.

Art. 21. Aucune des amendes prononcées par les art. 19 et 20 ci-dessus ne pourra être au-dessous de 5 fr.

Les contrevenants seront solidaires pour le paiement du droit et des amendes, sauf le recours de celui qui en aura fait l'avance, pour ce qui ne sera pas à sa charge personnelle.

Art. 22. Les dispositions des art. 19, 20 et 21 ci-dessus concernant les accepteurs et endosseurs, et l'augmentation de la quotité de l'amende, ne seront applicables que lorsqu'il s'agira d'effets, billets ou obligations souscrits *à partir du 1er janvier* 1835 ; à l'égard de ceux qui auront été souscrits antérieurement, les dispositions pénales des lois actuellement en vigueur continueront d'être observées.

Art. 23. *Deuxième alinéa.*

Aucun notaire ou huissier ne pourra protester un effet négociable ou de commerce non écrit sur papier du timbre prescrit, ou non visé pour timbre, sous peine de supporter personnellement une amende de vingt francs pour chaque contravention ; il sera tenu en outre d'avancer le droit du timbre et les amendes encourues dans les cas déterminés par les art. 18, 19, 20, 21 et 22 ci-dessus, sauf son recours contre les contrevenants.

L'art. 13 de la loi du 16 juin 1824 est abrogé en ce qu'il peut contenir de contraire au présent article.

TABLEAUX DU PRIX DES PAPIERS TIMBRÉS.

1º *Papiers de dimension du timbre ordinaire et extraordinaire pour les actes.*

DÉNOMINATIONS. (Art. 62 de la loi du 28 avril 1816.)	DIMENSIONS (en parties du mètre) DE LA FEUILLE DÉPLOYÉE (supposée rognée.)			
	hauteur.	largeur.	su- perficie.	prix.
Demi-feuille de petit papier.....	0.2500	0.1768	0.0442	» f. 35 c.
Feuille de petit papier...........	0.2500	0.3536	0. 884	» 70
Feuille de moyen papier........	0.2973	0.4204	0.1250	1 25
Feuille de grand papier........	0.3536	0.5000	0.1768	1 50
Feuille de dimension supérieure.	»	»	»	2 »

2º *Timbre proportionnel sur les lettres de change et billets à ordre, sur les billets et* OBLIGATIONS NON NÉGOCIABLES.

Articles 18 de la loi du 24 mai 1834 et 16 de celle du 20 juillet 1837.	PRIX.
Pour 300 f. et au-dessous...................................	» f. 15 c.
De 500 » »	» 25
De 500 à 1.000...................................	» 50
De 1.000 à 2.000...................................	1 »
De 2.000 à 3.000...................................	1 50
De 3.000 à 4.000...................................	2 »
De 4.000 à 5.000...................................	2 50
De 5.000 à 6.000...................................	3 »
De 6.000 à 7.000...................................	3 50
De 7.000 à 8.000...................................	4 »
De 8.000 à 9.000...................................	4 50
De 9.000 à 10.000...................................	5 »
De 10.000 à 11.000...................................	5 50
De 11.000 à 12.000...................................	6 »
De 12.000 à 13.000...................................	6 50
De 13.000 à 14.000...................................	7 »
De 14.000 à 15.000...................................	7 50
De 15.000 à 16.000...................................	8 »
De 16.000 à 17.000...................................	8 50
De 17.000 à 18.000...................................	9 »
De 18.000 à 19.000...................................	9 50
De 19.000 à 20.000...................................	10 »

Au-dessus de 20,000 fr., le visa pour supplément de droit de timbre autorisé par l'art. 11 de la loi du 13 brumaire an VII, a lieu en payant le droit à raison de 50 c. p. 1,000 fr. sans fractions.

Timbre dit extraordinaire.

L'empreinte sera appliquée au haut du côté droit de la feuille.

3° *Papiers pour les affiches.*

Article 65 de la loi du 28 avril 1816.	PRIX.
Feuille portant 25 décimètres carrés de superficie............	»f. 10 c.
Demi-feuille..	» 5

Les affiches doivent être timbrées à *cinq centimes pour la moindre dimension*, et à dix centimes pour la plus grande, au-dessus de douze décimètres et demi.

4° *Papiers pour les avis, annonces, catalogues et prospectus, autres que ceux concernant la librairie, les sciences et les arts.*

Articles 2 de la loi du 6 prairial an VII, et 66 de celle du 28 avril 1816.	PRIX.
Feuille ordinaire au-dessous de trente décimètres carrés......	»f. 10 c.
Demi-feuille..	» 5
Quart de feuille..	» 2 1/2
Demi-quart de feuille, cartes et autres de la plus petite dimension..	» 1

5° *Papiers pour les journaux et les ouvrages périodiques.*

Articles 76 de la loi du 25 mars 1817, et 2 de celle du 14 décembre 1830.	PRIX.
Feuille de 30 décimètres carrés de superficie *et au-dessus*....	»f. 6 c.
Demi-feuille de 15 décimètres carrés de superficie *et au-dessous*..	» 3

Tout journal ou écrit périodique imprimé sur une demi-feuille de plus de 15 décimètres et de moins de 30 décimètres carrés paiera un centime en sus pour chaque cinq décimètres carrés *accomplis.*

Il ne sera perçu aucune augmentation de droit pour fractions au-dessous de cinq décimètres carrés.

Il ne sera perçu aucun droit pour un supplément qui n'excédera pas 3o *centimètres carrés*, publié par les journaux imprimés sur une feuille de 3o décimètres et au-dessus. (*Art. 2 de la loi du 14 décembre 1830.*)

La subvention du DÉCIME PAR FRANC *ne doit point être ajoutée* aux droits de timbre des cinq espèces de papiers ci-dessus désignées.

LES OUVRAGES PÉRIODIQUES *relatifs aux sciences et arts* ne paraissant qu'une fois par mois ou à des intervalles plus éloignés et contenant deux feuilles d'impression. . . . . . . Exempts de timbre.

6° *Papiers pour la musique.*

Lois des 9 vendémiaire, 3 brumaire, 2 floréal an VI, 25 mars 1817, 14 décembre 1830 et 16 juillet 1840.

Les lois ont assujetti la musique au timbre lorsque l'œuvre de musique n'excédait pas deux feuilles d'impression; mais les législateurs ont oublié de fixer, et la dimension de la feuille, *et le prix* qui doivent être exigés; de manière qu'il n'existe pour cette perception qu'une espèce de jurisprudence de long usage, soumettant les feuilles d'une dimension de vingt-cinq décimètres carrés de superficie au timbre de cinq centimes, et la demi-feuille et au-dessous à trois centimes de droit.

Néanmoins, aux termes de l'art. 3 de la loi du 16 juillet 1840, les journaux et écrits périodiques consacrés à l'art musical restent seuls actuellement assujettis au timbre, lorsqu'ils ne réunissent pas les conditions suivantes : ne paraître qu'une fois par mois ou à des intervalles plus éloignés et contenir deux feuilles d'impression.

Et 7°, *Livres de police.*

Articles 72 de la loi du 28 avril 1816, et 9 de la loi du 16 juin 1824.	PRIX.
Registres d'après les dimensions mentionnées au 1er tableau ci-dessus, papier petit ou moyen, *par chaque feuillet*.	» f. 5 c.
Registres de grand papier, et registres de toutes autres dimensions supérieures, *par chaque feuillet (a)*.	» 10

(a) Ces quotités de droit sont applicables aux livres de police que doivent tenir, *d'après les règlements de police*, les aubergistes, les imprimeurs, les entrepreneurs de messageries et de roulage, les horlogers, les armuriers, les débitants de poudre, droguistes, *les commerçants*, etc. (*Décis. du comité de législation, des ministères des finances et de la justice. Instr. gén. du 24 avril 1817, n. 774.*)

LE DÉCIME PAR FRANC est maintenu sur le droit de timbre des *catalogues, prospectus, papiers-musique et livres de police.*

Les livres de commerce sont exempts du timbre, aux termes de l'art. 4 de la loi du 20 juillet 1837.

Titres (droits de). — V. Actes et Jugements.

Titres nouvels et reconnaissances de rentes dont les contrats sont justifiés en forme. (*Numéro* 5 *de l'art.* 44 *de la loi du* 28 *avril* 1816.)   3 fr. fixe.

Traités qui contiennent obligation de sommes ou valeurs mobilières sans qu'il y ait transmission d'objets mobiliers.
          1 fr. pour 100 fr.
     V. Contrats 3°.

Traités contenant cession d'objets mobiliers. 2 fr. p. 100.
     V. Adjudication, 4°.

Transactions, en quelque matière que ce soit, qui ne contiennent aucune stipulation des sommes et valeurs, ni dispositions soumises à un plus fort droit d'enregistrement. (*Numéro* 8 *de l'art.* 44 *de la loi du* 28 *avril* 1816.)
          3 fr. fixe.

Transactions contenant obligations de sommes, sans libéralités et sans que les obligations soient le prix d'une transmission de meubles ou immeubles, non enregistrée.
          1 fr. p. 100 fr.
     V. Contrats, 3°.

Transactions en matière de *contravention aux lois sur les douanes,* avant jugements. (*Décision ministérielle du 6 avril 1833. Inst. du 12 juillet suivant, numéro 1423.*
          Droit fixe.

Transcriptions. — V. Adjudications, 5°, 6° et Greffe.

Transports de sommes.   1 fr. pour 100.
     V. Contrats, 3°.

Transports de rentes.   2 fr. pour 100 fr.
     V. Constitutions.

Transports. — V. Acceptations.

Tutelles officieuses.   50 fr. fixe.
     V. Actes 25°.

Tuteurs. — V. Nominations.

U.

Unions et directions de créanciers. (*Numéro 6 du troisième paragraphe de l'art. 68 de la loi 22 du frimaire an* VII.)
3 fr. fixe.

Si elles portent obligation de sommes déterminées par les cointéressés envers un ou plusieurs d'entre eux, ou autres personnes chargées d'agir pour l'union, il sera perçu un droit particulier, comme pour obligation. 1 fr. p. 100.
V. Concordats.

Utilité publique. — V. Expropriations.

V.

Valeurs, estimations.
Les art. 14, 15 et 16 de la loi du 22 frimaire an VII portent :

Art. XIV. La valeur de la propriété, de l'usufruit et de la jouissance des biens meubles, est déterminée, pour la liquidation et le payement du droit proportionnel, ainsi qu'il suit :

SAVOIR :

1º Pour les baux et locations, *par le prix annuel exprimé, en y ajoutant les charges imposées au preneur.*

2º Pour les créances à terme, leurs cessions et transports, et autres actes obligatoires, *par le capital exprimé dans l'acte, et qui en fait l'objet (a).*

3º Pour les quittances et tous autres actes de libération, *par le total des sommes ou capitaux dont le débiteur se trouve libéré.*

4º Pour les marchés et traités, *par le prix exprimé ou l'évaluation qui sera faite des objets qui en seront susceptibles.*

5o Pour les ventes et autres transmissions à titre onéreux, *par le prix exprimé et le capital des charges qui peuvent ajouter au prix.*

6o Pour les créations de rentes, soit perpétuelles, soit viagères, ou de pensions, aussi à titre onéreux, *par le capital constitué et aliéné.*

7° Pour les cessions ou transports desdites rentes ou pensions, et pour leur amortissement ou rachat, *par le capital constitué, quel que soit le prix stipulé pour le transport ou l'amortissement.*

8o Pour les transmissions entre-vifs, à titre gratuit, et celles qui s'opèrent par décès, *par la déclaration estimative, des parties, sans distraction des charges* (b).

9o Pour les rentes et pensions créées sans expression de capital, leurs transports et amortissements, *à raison d'un capital formé de vingt fois la rente perpétuelle, et de dix fois la rente viagère ou la pension, et quel que soit le prix stipulé pour le transport ou l'amortissement.*

Il ne sera fait aucune distinction entre les rentes viagères et pensions créées sur une tête et celles créées sur plusieurs têtes, quant à l'évaluation.

Les rentes et pensions stipulées, payables en nature, seront évaluées aux mêmes capitaux, estimation préalablement faite des objets d'après les dernières mercuriales du canton de la situation des biens, à la date de l'acte, s'il s'agit d'une rente créée pour aliénation d'immeubles, ou, dans tout autre cas, d'après les dernières mercuriales du canton où l'acte aura été passé.

Il sera rapporté à l'appui de l'acte un extrait certifié des mercuriales (c).

S'il est question d'objets dont les prix ne puissent être réglés par les mercuriales, les parties en feront une déclaration estimative.

10o Pour les actes et jugements portant condamnation, collocation, liquidation ou transmission, *par le capital des sommes et les intérêts et dépens liquidés.*

11o L'usufruit, transmis à titre gratuit, s'évalue à la moitié de la valeur entière de l'objet.

(a) Ces expressions, *par le capital exprimé dans l'acte, et qui en fait l'objet*, ne doivent pas s'entendre du prix stipulé pour le ransport, mais du capital de la créance, à MOINS TOUTEFOIS QUE A CESSION È FUT JUDICIAIRE.

(*b*) S'il s'agit d'actions de la Banque de France ou autres effets publics non exempts de droits, la valeur doit être fixée d'après le cours moyen de la Bourse de Paris au jour du décès ou de la date de l'acte de donation ; s'il n'y a pas eu de Bourse ce jour-là, le cours de la veille servira de règle. (*Décis. min. fin.*, 27 *août* 1816. *Instruct.* 747.)

(*c*) Voir, pour la formation des mercuriales, la note (*a*) de l'art. suivant.

Art. XV. La valeur de la propriété, de l'usufruit et de la jouissance des immeubles est déterminée, pour la liquidation et le paiement du droit proportionnel, ainsi qu'il suit :

SAVOIR :

1° Pour les baux à ferme ou à loyer, les sous-baux, cessions et subrogations de baux, *par le prix annuel exprimé, en y ajoutant les charges imposées au preneur.*

Si le bail est stipulé payable en nature, il en sera fait une évaluation d'après les dernières mercuriales du canton de la situation des biens, à la date de l'acte, à l'appui duquel il sera rapporté un extrait certifié des mercuriales (*a*).

V. MERCURIALES.

Il en sera de même des baux à portion de fruits, pour la part revenant au bailleur, dont la quotité sera préalablement déclarée, et sur la valeur de laquelle le droit d'enregistrement sera perçu.

S'il s'agit d'objets dont la valeur ne puisse être constatée par les mercuriales, les parties en feront une déclaration estimative.

2° Pour les baux à rentes perpétuelles et ceux dont la durée est illimitée, *par un capital formé de vingt fois la rente ou le prix annuel, et les charges aussi annuelles, en y ajoutant également les autres charges en capital, et les deniers d'entrée s'il en est stipulé* (*b*).

Les objets en nature s'évaluent comme ci-dessus.

3° Pour les baux à vie, sans distinction de ceux faits sur une ou plusieurs têtes, *par un capital formé de dix fois le prix et les charges annuelles, en y ajoutant de même le montant des deniers d'entrée, et des autres charges, s'il s'en trouve d'exprimées. Les objets en nature s'évaluent pareillement comme il est prescrit ci-dessus.*

4° Pour les échanges , *par une évaluation qui doit être faite en capital , d'après le revenu annuel, multiplié par vingt , sans distraction des charges.*

5° Pour les engagements , *par les prix et sommes pour lesquels ils sont faits.*

6° Pour les ventes, adjudications, cessions, rétrocessions, licitations , et tous autres actes civils ou judiciaires, portant translation de propriété ou d'usufruit , à titre onéreux , *par le prix exprimé, en y ajoutant toutes les charges en capital , ou par une estimation d'experts , dans les cas autorisés.*

Si l'usufruit est réservé par le *vendeur*, il sera évalué à la moitié de tout ce qui forme le prix du contrat, et le droit sera perçu sur le total ; mais il ne sera dû aucun droit pour la réunion de l'usufruit à la propriété : cependant, si elle s'opère par un acte de cession , et que le prix soit supérieur à l'évaluation qui en aura été faite pour régler le droit de la translation de propriété , il est dû un droit, par supplément, sur ce qui se trouve excéder cette évaluation. Dans le cas contraire , l'acte de cession est enregistré pour le droit fixe (*c*).

7° Pour les transmissions de propriété entre-vifs , à titre gratuit , et celles qui s'effectuent par décès, *par l'évaluation qui sera faite et portée à vingt fois le produit des biens, ou le prix des baux courants , sans distraction des charges.*

Il ne sera rien dû pour la réunion de l'usufruit à la propriété , lorsque le droit d'enregistrement aura été acquitté sur la valeur entière de la propriété.

8° Pour les transmissions d'usufruit seulement, soit entre-vifs , à titre gratuit , soit par décès , *par l'évaluation qui en sera portée à dix fois le produit des biens, ou le prix des baux courants , aussi sans distraction des charges.*

Lorsque l'usufruitier qui aura acquitté le droit d'enregistrement pour son usufruit acquerra (*d*) la nue-propriété, il paiera le droit d'enregistrement sur sa valeur, sans qu'il y ait lieu de joindre celle de l'usufruit.

(*a*) L'art. 75 de la loi du 15 mai 1818 prescrit ainsi la formation des mercuriales : « On formera l'année commune d'après les « quatorze dernières années antérieures à celle de l'ouverture du « droit, on retranchera les deux plus fortes et les deux plus faibles; « l'année commune sera établie sur les dix années restantes. »

(*b*) L'évaluation au dernier vingt ne doit avoir lieu que dans le cas où l'acte ne contient pas expression de capital. (*Solut. de l'admin.*, 22 *messidor an VIII.*)

(*c*) Si l'usufruit n'appartient pas au vendeur, il n'y a pas lieu d'en ajouter la valeur au prix stipulé pour la vente de la nue-propriété.

Si l'usufruit et la nue-propriété sont cédés à deux acquéreurs différents par un même acte, le droit n'est dû que sur la réunion des deux prix, sans augmentation de moitié pour l'usufruit. (*Arrêt de la Cour de cassation du 26 décembre 1826.*)

(*d*) On recueillera par décès. (*Solution de l'administration du* 29 *germinal an VIII.*)

ART. XVI. Si les sommes et valeurs ne sont pas déterminées dans un acte ou un jugement donnant lieu au droit proportionnel, les parties seront tenues d'y suppléer, avant l'enregistrement, par une déclaration estimative, certifiée et signée au pied de l'acte.

Ventes de meubles.................... 2 fr. p. 100

V. ADJUDICATIONS, 4o.

Ventes publiques de marchandises, par les courtiers de commerce, quel que soit le lieu où elle est faite, et quelque modique que soit la valeur des lots, pourvu que la vente ait été précédée d'une autorisation. (*Art. 74 de la loi du 15 mai 1818.*).......................... 50 c. p. 100 fr.

Ventes de meubles et marchandises, qui seront faites conformément à l'art. 492 du Code de commerce. (*Art. 12 de la loi du 24 mai 1834.*) *Faillites*... 50 c. p. 100 fr.

Ventes de navires, soit totales, soit partielles. (*Art. 64 de la loi du 21 avril 1818, sur les douanes. Décision du ministre des finances, du 2 mars 1824. Instruct. générale, numéro 830, et quatorzième paragraphe de l'instr. gén., numéro 1132.*).................... 1 fr. fixe.

Ventes d'immeubles. (*Art. 52 de la loi du 22 avril 1816.*)
5 1/2 p. 100.

Mais la formalité de transcription au bureau de la conservation des hypothèques ne donne plus lieu à aucun droit proportionnel.

Si l'usufruit est réservé par le vendeur, il sera évalué à la moitié de tout ce qui forme le prix du contrat, et le

droit sera perçu sur le total ; mais il ne sera dû aucun autre droit pour la réunion de l'usufruit à la propriété.
V Adjudications 5°.

Ventes à *faculté de réméré,* translatives de propriété quoique résolubles sous condition, demeurent sujettes aux mêmes droits que les ventes ordinaires...   5 1/2 p. 100.
V. Retraits.

Ventes verbales d'immeubles..........   5 1/2 p. 100.

Ventes. — V. Actes, Adjudications et Déclarations.

Vérifications de créances. — V. Affirmations.

Vérifications de régies..   Exemptes d'enregistrement.
V. Récépissés.

Visas..................   Exempts d'enregistrement.
V. Actes, 9°.

Vues (droits de) sont immobiliers....   5 fr. 50 c. p. 100.
V. Adjudications, 5°.

FIN.

OPINIONS

DES JOURNAUX DE JURISPRUDENCE

SUR LES

TARIFS PAR TABLEAUX SYNOPTIQUES DES DROITS D'ENREGISTREMENT,

En deux Parties, de six Colonnes chacune *.

La GAZETTE DES TRIBUNAUX, du 17 mai 1829, s'exprimait ainsi :

— Un employé supérieur, qui compte plus de 20 ans de travaux dans la partie de l'enregistrement, vient de rendre un véritable service au public en général, et particulièrement aux nombreuses personnes qui s'occupent d'affaires, en leur offrant l'*analyse de toutes les lois* relatives à la matière, dans des tableaux synoptiques *contenant les droits d'enregistrement* des actes et mutations, et qui servent de table à des ouvrages devant paraître sous peu, etc. Ces tableaux, d'un prix très-modéré, renferment l'abrégé de toute la jurisprudence.

Nous pensons qu'il résultera beaucoup de bien de cette publication ; et, pour en citer un seul exemple à l'appui duquel vienne un fait dont nos lecteurs n'ont pas perdu la mémoire : si un électeur se trouve dans le même cas que M. Émile Regnard, il n'aura pas, comme lui, le désagrément de payer l'enregistrement d'un exploit 3 fr. 30 c. ; la deuxième partie de ces tableaux classant dans les exemptions les actes relatifs aux élections, avec d'autant plus de raison que tous ces actes sont exempts de droits par une solution de l'administration des domaines du 18 janvier 1828, corroborée par une décision ministérielle du 1er octobre dernier, qui a statué avec justice, en thèse générale et spéciale, que *toutes les fois que la loi porte que les actes seront sans frais, ils deviennent dès lors exempts du timbre et de l'enregistrement.*

Et le COURRIER DES TRIBUNAUX, du 4 juin suivant, contient ce qui suit :

— Nous avons voulu examiner attentivement les Tarifs par tableaux annoncés dans notre feuille du 14 mai, avant d'exprimer notre opinion ; et le résultat de notre examen nous a prouvé toute l'utilité de ce nouvel ouvrage.

------

* Chez l'Auteur. Prix : 1 fr., et 1 fr. 25 c. franc de port.

Ces tableaux sont synoptiques dans toute l'acception du mot, car on *embrasse véritablement d'un coup d'œil une multitude de lois, d'arrêts et de décisions renfermés dans plus de cent volumes très-coûteux.* Ce travail manquait jusqu'à présent, et nous ne pourrions concevoir que l'auteur l'ait mis à un prix aussi modéré, si nous ne savions que ces tableaux ne forment que la table des matières d'ouvrages fort importants qui vont paraître, etc.

Nous regardons cette production comme un service rendu au public, *et nous sommes heureux de nous trouver d'accord avec tous nos confrères qui ont senti qu'il était impossible à tout autre qu'à un employé vieilli dans cette partie si épineuse* de renfermer dans un cadre aussi étroit toute la jurisprudence de cette matière.

Leur ordre alphabétique et dictionnairique, leur division en deux parties de six colonnes chacune et la beauté typographique de leur exécution ne laissent rien à désirer.

Les délais surtout ont besoin d'être médités par les particuliers.

Les deux chambres en ont accepté l'hommage; et, pour terminer, nous donnons ici l'extrait d'une lettre adressée à l'auteur par un député des plus marquants (Casimir Périer):

« D'une consultation de tous les moments, d'une utilité pratique qui ne peut qu'être universellement sentie, cet important travail, divisé en tableaux synoptiques, est un véritable service rendu à la foule des intéressés à une juste application des lois sur cette matière. »

Justice prévue par un ancien ministre, pair de France (M. Daru), renommé par son immense savoir, qui, dans une lettre de félicitations à l'auteur, disait : « Vous verrez que vos Tableaux fructifieront entre les mains de MM. les Députés chargés de la discussion de notre budget. »

Chez les principaux libraires de Paris et des départements.

DICTIONNAIRE GÉNÉRAL

DES HYPOTHÈQUES,

MANUEL COMPLET

DES PROPRIÉTAIRES, ACQUÉREURS ET VENDEURS,

CRÉANCIERS OU PRÊTEURS SUR HYPOTHÈQUES,

PAR M. DESPRÉAUX,

VÉRIFICATEUR DE L'ENREGISTREMENT EN RETRAITE,

JURISCONSULTE.

Auteur des lois annotées sur l'Enregistrement, sur le Timbre, sur les Greffes,
sur les Hypothèques ; — des Tarifs d'enregistrement, en tableaux synoptiques
et en livrets ; — du Manuel des Héritiers ; — Jurisprudence du Moniteur
de l'Enregistrement et des Domaines, etc.

Un gros volume très grand in-8° à deux colonnes, caractères neufs compactes.

Prospectus.

A l'aspect du titre de cet ouvrage, on est tenté de croire qu'il ne s'adresse qu'aux personnes instruites dans le droit ; et, en effet, la connaissance du système hypothécaire, qui intéresse toutes les fortunes territoriales, était restée jusqu'à présent dans le domaine exclusif de quelques capacités supérieures. L'auteur du *Dictionnaire* que nous annonçons veut faire cesser ce privilége en rendant le système hypothécaire accessible à toutes les intelligences ; voici les motifs qui le pressaient de rendre ce service à la société :

Dans ce moment même, époque de lumières et d'affaires industrielles, le désastre qui peut résulter de la perte à subir ou subie sur les actions en émission sur la place, n'atteindra jamais le QUART du chiffre donné par les pertes éprouvées sur des hypothèques, *en pleine paix*, en 1827, et que l'on peut évaluer, pour Paris seulement, à CENT MILLIONS, *pour les créanciers sur hypothèques*, et AU DOUBLE *pour les acquéreurs d'immeubles* qui n'ont pu conserver leurs propriétés, ainsi qu'il résulte de relevés faits au greffe des ordres du tribunal de la Seine.

Ces pertes énormes, nous nous plaisons à le dire, et nous le prouverons, ne sont pas dues entièrement aux vices de notre système hypothécaire, mais elles *ont été causées*, malheureusement, *presque toutes, d'un côté, par l'ignorance absolue des lois sur la matière dans les prêteurs, les emprunteurs, les acquéreurs et les vendeurs* ; de l'autre, par l'avidité et la négligence des personnes que l'on avait chargées de placer des fonds sur hypothèques ; et qui ne voyaient dans un prêt et dans un achat d'immeubles, que la quotité de leurs honoraires, et sacrifiaient ainsi les intérêts de leurs clients.

Au reste, la confiance était pour ainsi dire forcée, car il n'était pas facile, même à l'homme instruit et de bonne foi, de connaître par lui-même le système des hypothèques, et de donner un sage conseil pour la sûreté d'un prêt ou d'une acquisition ; car, outre le Code, il existe une foule de lois et d'arrêts qui font jurisprudence, et personne n'était venu débrouiller l'espèce de chaos de ces lois et de ces arrêts, y rétablir un ordre certain et faciliter au lecteur les moyens de trouver l'article ou la décision qui s'applique à la question qui l'occupe. Nous possédons pourtant, sur le système hypothécaire, d'excellents ouvrages, parmi lesquels celui de M. Troplong est hors de ligne ; mais ces ouvrages, consacrés aux hommes versés dans la connaissance des lois, ne peuvent servir à tout le monde indistinctement. Pour initier un grand nombre de personnes à la science, il manquait un DICTIONNAIRE GÉNÉRAL DES HYPOTHÈQUES, où chaque objet, traité séparément avec de bonnes définitions et des explications claires et précises, pût se graver promptement dans l'esprit et dans la mémoire. M. Despréaux donne enfin ce *Dictionnaire*; il y ajoute un texte du code hypothécaire et des lois qui le complètent, les ordonnances et arrêts qui forment la jurisprudence de la matière, et enfin des annotations qu'il a faites avec le plus grand soin pour familiariser les lecteurs avec l'esprit de la législation.

Si quelqu'un, en France, pouvait populariser l'instruction sur le régime hypothécaire, c'était sans contredit M. Despréaux, homme de théorie et de pratique, employé supérieur de l'administration de l'enregistrement et des domaines. Néanmoins, malgré ses titres à la confiance publique, M. Despréaux ne se présente pas avec les fruits de sa seule expérience. Le labeur de plus de vingt années qu'il se détermine enfin à publier, a été revu par M. Dumaine, ancien directeur, et, en dernier lieu, conservateur des hypothèques à Sceaux ; M. Despréaux peut encore citer avec confiance l'approbation d'un ancien conservateur de Paris, M. Fidières, dont le souvenir sera longtemps présent à tous les fonctionnaires et officiers publics qui ont été à même d'apprécier la profondeur de sa science modeste, pendant près de quarante ans qu'il a occupé la première conservation de France : on conçoit que nous tenions beaucoup, nous éditeurs, à cette approbation si importante ; aussi, nous violons pour ainsi dire un secret en mettant au jour les termes dont M. Fidières s'est servi dans sa lettre du 15 janvier 1836 à M. Despréaux :

« Je serai toujours disposé à joindre ma coopération à
« la vôtre, en ce qui concerne *la partie de nos lois dont*
« *je m'occupe spécialement*, mais je ne le ferai que pour
« répondre à la confiance dont vous m'honorez, et nulle-
« ment avec la pensée que je pourrai améliorer un tra-
« vail auquel, *d'avance, je suis persuadé que vous n'aurez*
« *rien laissé à ajouter.* »

Nous ne pouvions hésiter à publier un ouvrage soutenu par de telles autorités, et cependant nous avons encore voulu connaître l'opinion des jurisconsultes les plus éclairés ; leur suffrage nous a confirmé dans l'opinion que le *Dictionnaire* de M. Despréaux est un présent fait au public en

général , en même temps qu'à toutes les personnes *qui,*
ayant à faire ou à diriger des emprunts ou des prêts sur
hypothèques et des achats d'immeubles, ont besoin d'acqué-
rir la sécurité sur des opérations qui importent à la conservation de leur fortune. En nous chargeant de mettre
au jour le savant et utile travail de M. Despréaux, nous
entrons pour notre part dans le vaste plan de régénéra-
tion qui tend à répandre dans toutes les classes la semence
de l'instruction sur toutes les parties des connaissances
humaines.

Sous presse :

1º *Tarif des droits d'enregistrement en tableaux
synoptiques et en livrets;*

2º Codes annotés sur l'Enregistrement, *le Timbre,*
les Greffes et Hypothèques;

Et 3º Dictionnaire général des successions, par
le même auteur.

L'administration traitera avec tous les libraires,
pour toutes remises, soit au comptant ou à terme :
13/10 — 27/20 — 66/50 — 140/100 — et 1500/1000.